북경대에서 온

국내 최다

新HSK

3급 공략
실전 모의고사

북경대에서 온　국내 최다

新 HSK 3급 공략 실전 모의고사

저　자	沈灿淑 夏小芸 王建强 刘 影 편저
발 행 인	윤우상
총　괄	윤병호
책임편집	최준명
인 쇄 일	2015년 11월 05일
발 행 일	2015년 11월 13일
발 행 처	송산출판사
주　소	서울특별시 서대문구 통일로 32길 14 (홍제동)
전　화	(02)735-6189
팩　스	(02)737-2260
홈페이지	www.songsanpub.co.kr
E-mail	songsan1@korea.com
등 록 일	1976년 2월 2일 제9-40호

ISBN 978-89-7780-220-9 14720
　　　 978-89-7780-209-4 (세트)

이 도서의 국립중앙도서관 출판예정도서목록(CIP)은 서지정보유통지원시스템 홈페이지
(http://seoji.nl.go.kr)와 국가자료공동목록시스템(http://www.nl.go.kr/kolisnet)에서 이용
하실 수 있습니다. (CIP제어번호 : CIP2015001174)

북경대에서 온
국내 최다
新HSK
3급 공략
실전 모의고사

沈灿淑　夏小芸　王建强　刘影 편저

송산출판사

머리말

중국 국가한반조직이 연구 개발한 신HSK는 국제 중국어능력 표준화 시험으로, 2009년부터 전 세계적으로 널리 보급되어, 각국의 중국어 학습자들에게 널리 환영을 받아 왔다.

그러나 구HSK와 비교해서, 신HSK는 설계이념과 측정목적에서 큰 차이가 있다. 신HSK는 "시험과 교육을 연계한다", "시험으로써 교육을 촉진시키고", "시험으로써 배움을 촉진시킨다"는 원칙을 강조하여, 응시생의 중국어능력의 발전을 촉진함을 중요시하였다.

등급 설정과 문제의 설계상에서도, 신HSK는 구HSK와 현저한 차이가 있다. 신HSK는 필기시험 6단계와 구술시험 3단계를 설치하여, 시험의 전파범위를 한층 확대하였고, 문제 설계상에서는 응시생의 실제언어 활용능력과 비언어적 지식의 장악정도를 측정함을 더욱 강조하였다.

새로운 측정이념과 새로운 문제 유형에 직면하여 많은 선생님들, 특히 언어지식 분석방식으로 문제를 풀이하는 구HSK에 습관이 되어 있는 선생님들은 왕왕 신HSK 지도에 손댈 길이 없으며, 새로운 문제유형에 대하여 풀이할 방법이 없었다. 동시에 많은 응시생들은 신HSK의 문제유형의 특징을 이해할 수 없으므로, 왕왕 어떻게 시험을 준비해야할지 몰랐다.

신HSK가 나온 이후, 北京大学出版社는 신HSK의 발전에 시종 깊은 관심을 갖고 전폭적으로 지지하였고, 신HSK 측정이론과 실천에 대해 비교적 깊은 연구와 탐구를 진행하였으며, 또한 이를 기초로 하여 신HSK의 연구자와 일선 선생님들을 조직하여, 일련의 모의시험과 시험보충교재를 출판하여, 일선 지도 선생님들과 광대한 응시생을 위해 유익한 도움을 제공하여 왔다.

본서는 北京大学出版社와 송산출판사가 공동으로 문제를 개발하여, 출제와 출간을 공동으로 진행한 것이다. 신HSK에 응시하는 학생들이 최대한 많은 문제를 접하고 시험에 임할 수 있도록 8회분의 모의고사를 수록하였다. 특히 1급과 2급에 응시하는 학생들을 위해 시험에 쉽게 접근할 수 있도록 시험에 꼭 나오는 내용과 단어를 부록으로 제공하였다.

이 모의시험은 실제문제와 유사성이 높은 특징을 갖고 있다. 시험의 대강(大纲)을 엄격히 준수하였으며, 출제기관에서 공포한 시험 문제의 설계를 참조하였기 때문이다. 본 시리즈의 문제집을 통해, 응시생들은 현재의 수준을 평가하는 효과적인 테스트가 되어 더욱 중국어 활용능력을 높일 뿐 만 아니라, 시험을 준비하는 방법 및 응시 기술을 장악하기 바란다.

북경대학출판사

중국어 및 언어학 편집부

목차

신 한어수평고시(HSK) 소개

한어수평고시(HSK)가 중국어 학습자에게 더 좋은 서비스를 제공하기 위하여 중국 국가한반은 중외 중국어 교육, 언어학, 심리학과 교육 측정학 등 영역의 전문가를 조직하여, 해외의 실제 중국어 교육 상황을 충분히 조사하고 이해한 기초를 바탕으로, 기존 HSK의 장점을 살리고 최근 국제 언어 테스트 연구의 최신 성과를 참고하여 신 한어수평고시 (HSK)를 실시하게 되었다.

1. 시험 구조

신 HSK는 국제 중국어 능력 표준화 수준 시험으로 중국어가 모국어가 아닌 수험생의 생활, 학습과 업무에 중국어를 이용하여 소통하는 능력을 중점 측정한다. 신 HSK는 필기시험과 구술시험으로 나누어져 있으며, 필기시험과 구술시험은 서로 독립되어 있다. 필기시험은 HSK(1급), HSK(2급), HSK(3급), HSK(4급), HSK(5급), HSK(6급)으로 나누어져 있다. 구술시험은 HSK(초급), HSK(중급), HSK(고급)으로 나누어져 있으며, 녹음 형식을 채택한다.

필기시험	구술시험
HSK (6급)	HSK (고급)
HSK (5급)	HSK (고급)
HSK (4급)	HSK (중급)
HSK (3급)	HSK (중급)
HSK (2급)	HSK (초급)
HSK (1급)	HSK (초급)

2. 시험 등급

신 HSK 각 등급과 《국제 중국어 능력 표준》, 《유럽언어 공동 참고 프레임(CEF)》의 대응 관계는 아래 표와 같다:

신 HSK	어휘량	국제 중국어 능력 표준	유럽언어 프레임 (CEF)
HSK (6급)	5,000 및 이상	5급	C2
HSK (5급)	2,500		C1
HSK (4급)	1,200	4급	B2
HSK (3급)	600	3급	B1
HSK (2급)	300	2급	A2
HSK (1급)	150	1급	A1

HSK(1급)를 통과한 수험생은 매우 간단한 중국어 단어와 문장을 이해하고 사용할 수 있으며, 구체적인 소통을 할 수 있으므로 진일보한 중국어 학습 능력을 갖추었다.

HSK(2급)를 통과한 수험생은 익숙한 일상 화제에 대해 중국어로 간단하고 직접적인 교류를 할 수 있으며, 초급 중국어 우수 수준에 도달하였다.

HSK(3급)를 통과한 수험생은 중국어로 생활, 학습, 업무 등 방면의 기본 교제 임무를 완성할 수 있으며, 중국에서 여행 시 만나는 대부분의 교제 임무를 대처할 수 있다.

HSK(4급)를 통과한 수험생은 비교적 광범위한 영역의 화제에 대해 중국어로 토론을 진행할 수 있으며, 중국어를 모국어로 하는 사람과 비교적 유창하게 교류를 할 수 있다.

HSK(5급)를 통과한 수험생은 중국어 정기 간행물과 잡지를 읽고 중국어 영화와 TV 프로그램을 감상할 수 있으며, 중국어로 비교적 완전한 연설을 할 수 있다.

HSK(6급)를 통과한 수험생은 중국어 정보를 수월하게 알아듣거나 읽을 수 있으며, 구두 또는 서면 형식으로 유창한 중국어를 이용하여 자신의 견해를 표현할 수 있다.

3. 시험 등급

신 HSK는 "시험과 교육의 결합"의 원칙을 따르고, 시험 설계는 현재 국제 중국어 교육 현황, 교재사용과 긴밀하게 결합하며, 목적은 "시험으로 교육을 촉진하며", "시험으로 학습을 촉진한다"이다.

신 HSK는 평가의 객관성, 정확성을 중시하며 수험생의 중국어 응용 능력의 발전을 더욱 중요시한다.

신 HSK는 명확한 시험 목표를 제정하여, 수험생이 계획적이고 효과적으로 중국어 응용 능력을 향상시키기에 편하도록 한다.

4. 시험 용도

신 HSK는 기존의 HSK 중국어 능력 시험의 객관적인 평가의 연속으로 성인 중국어 학습자를 대상으로 한다. 신 HSK의 성적은 다양한 수요를 만족시킬 수 있다:

(1) 대학의 학생모집, 분반수업, 과정면제, 학점수여 등을 위해 참고 근거를 제공한다.

(2) 인재모집 기관의 채용, 양성, 직원의 진급 등에 참고 근거를 제공한다.

(3) 중국어 학습자가 자신의 중국어 응용 능력을 이해하고 향상시키는데 참고 근거를 제공한다.

(4) 관련 중국어 교육 부서, 양성 기관의 교육 평가 또는 양성 효과 등에 참고 근거를 제공한다.

5. 성적 보고

시험 종료 후 3주내에 수험생은 국가 한반이 수여한 신 HSK 성적 보고를 획득한다.

신HSK (3급)소개

　　HSK (3급)은 수험생의 중국어 응용능력을 테스트하며, 등급은 ≪국제한어능력표준≫ 3급, ≪유럽 언어 공동 참고 프레임 (CEF) ≫ B1급에 해당된다. HSK3급에 합격한 응시자는 중국어로 일상생활, 학습, 업무 등 각 분야의 상황에서 기본적인 회화를 진행할 수 있다. 또한 중국여행 시 겪게 되는 대부분의 상황들을 중국어로 대응 할 수 있는 수준에 해당한다.

一、시험 대상자

　　HSK(3급)은 매주 2-3시간씩 3학기 (120-180시간) 정도의 중국어를 학습하고, 600개의 상용어휘와 관련 어법지식을 마스터한 학습자를 대상으로 한다.

二、시험 내용

　　HSK(3급)은 총 80문제이며, 듣기, 독해, 쓰기 3부분으로 나누어져 있다.

시험 내용		시험문제 수 (문항)		시험시간 (분)
一、듣기	제1부분	10	40	약 35분
	제2부분	10		
	제3부분	10		
	제4부분	10		
二、독해	제1부분	10	30	30
	제2부분	10		
	제3부분	10		
三、쓰기	제1부분	5	10	15
	제2부분	5		
답안지 작성				5분
합계	/	80		약 85분

시험 총 시간은 90분이다(수험생 개인정보 입력시간 5분 포함).

1. 듣기

제1부분은 총 10문항이다. 모든 문제는 두 번씩 들려준다. 모든 문제는 하나의 대화로 이루어져 있으며, 응시자는 시험지에 주어진 여러 그림 중 들려주는 대화 내용과 일치하는 것을 선택한다.

제2부분은 총 10문항이다. 모든 문제는 두 번씩 들려준다. 모든 문제는 한 사람이 한 단락의 문장을 읽은 다음, 다른 한 사람은 그 문장과 관련된 문장을 제시한다. 시험지에도 이 문장이 제시 되어 있으며, 응시자는 들려준 단문의 내용과 맞는지 판다한다.

제3부분은 총 10문항이다. 모든 문제는 두 번씩 들려준다. 모든 문제는 두 사람의 대화로 두 문장으로 구성되어 있다. 세 번째 사람이 이 대화와 관련된 질문을 한다. 응시자는 시험지에 주어진 3개의 선택 항목 중에서 정답을 고른다.

제4부분은 총 10문항이다. 모든 문제는 두 번씩 들려준다. 모든 문제는 두 사람의 대화로 4-5문장으로 구성되어 있다. 세 번째 사람이 이 대화와 관련된 질문을 한다. 응시자는 시험지에 주어진 3개의 선택 항목 중에서 정답을 고른다.

2. 독해

제1부분 총 10문항이다. 응시자는 주어진 20개 문장 중, 주어진 내용과 서로 상응한 문장들을 연결시킨다.

제2부분은 총 10문항이다. 모든 문장은 1-2개의 문장으로 구성되어 있으며, 문장 가운데에는 하나의 빈칸이 있다. 응시자는 선택 항목 중, 빈칸에 들어갈 알맞은 단어를 선택한다.

제3부분은 총 10문항이다. 10문항은 모두 하나의 단문과 하나의 질문으로 구성되어 있다. 응시자는 시험지에 선택 항목 3개 중에서 정답을 고른다.

3. 쓰기

제1부분은 총 5문항이다. 모든 문제에는 여러 개의 단어가 제시되어 있다. 응시자는 주어진 단어를 사용하여 하나의 완성된 문장을 만든다.

제2부분은 총 5문항이다. 모든 문제는 하나의 빈칸이 들어간 문장으로 구성되어 있다. 응시자는 빈칸에 들어갈 알맞은 한자를 쓴다.

三、성적 통지

HSK(3급)성적통지는 듣기, 독해, 쓰기와 합계 점수를 제공하며 합계가 180점이면 합격이다.

	만점	당신의 점수
듣기	100	
독해	100	
쓰기	100	
합계	300	

HSK성적은 장기간 유효하다. 외국인 유학생으로 중국의 대학에 진학할 때 중국 어능력 증명서로 쓸 경우, 유효기간은 2년이다(시험당일부터 계산한다).

HSK（三级） 成绩报告

国家汉办/孔子学院总部
Hanban/Confucius Institute Headquarters

新 汉 语 水 平 考 试
Chinese Proficiency Test

HSK（三级） 成绩报告
HSK (Level 3) Examination Score Report

姓 名 (Name) : _____

性 别 (Gender) : _____ 国 籍 (Nationality): _____

考试时间 (Examination Date): _____ 年(Year) _____ 月(Month) _____ 日(Day)

编 号 (No.): _____

	满分(Full Score)	你的分数(Your Score)
听力 (Listening)	100	
阅读 (Reading)	100	
书写 (Writing)	100	
总分 (Total Score)	300	

总分180分为合格 (Passing Score: 180)

主任
Director _____

中国 • 北京
Beijing • China

新汉语水平考试
HSK（三级）
全真模拟试题
（第1套）

注　　意

一、**HSK**（三级）分三部分：

　　1. 听力（40题，约35分钟）

　　2. 阅读（30题，30分钟）

　　3. 书写（10题，15分钟）

二、**听力结束后，有5分钟填写答题卡。**

三、全部考试约90分钟（含考生填写个人信息时间5分钟）。

中国　北京　　　　　　　×××× / ××××× ×　　编制

一、听　力

第 一 部 分

第 1—5 题

A

B

C

D

E

F

例如：男：喂，请问张经理在吗？

　　　女：他正在开会，您半个小时以后再打，好吗？ | **D** |

1. ☐

2. ☐

3. ☐

4. ☐

5. ☐

第 6—10 题

A

B

C

D

E

6.

7.

8.

9.

10.

第 二 部 分

第 11—20 题

例如：为了让自己更健康，他每天都花一个小时去锻炼身体。

　　★ 他希望自己很健康。　　　　　　　　　　　　（ √ ）

　　今天我想早点儿回家。看了看手表，才5点。过了一会儿再看表，还是5点，我这才发现我的手表不走了。

　　★ 那块儿手表不是他的。　　　　　　　　　　　（ × ）

11. ★ "我"不喜欢踢足球。　　　　　　　　　　　（　　）

12. ★ 她一直是个安静的人。　　　　　　　　　　　（　　）

13. ★ 他们不关心自己的孩子。　　　　　　　　　　（　　）

14. ★ 旅游时说普通话很有用。　　　　　　　　　　（　　）

15. ★ 他已经回国了。　　　　　　　　　　　　　　（　　）

16. ★ 午饭多吃点儿对身体好。　　　　　　　　　　（　　）

17. ★ "我"觉得新闻工作很有意思。　　　　　　　（　　）

18. ★ 他们结婚十年了。　　　　　　　　　　　　　（　　）

19. ★ 小饭店离我们家很远。　　　　　　　　　　　（　　）

20. ★ 客人买了个西瓜。　　　　　　　　　　　　　（　　）

第 三 部 分

第 21—30 题

例如：男：小王，帮我开一下门，好吗？谢谢！

女：没问题。您去超市了？买了这么多东西。

问：男的想让小王做什么？

A 开门 √   B 拿东西   C 去超市买东西

21. A 吃饭   B 等朋友   C 参加会议

22. A 四百块   B 四百二   C 五百块

23. A 花园很漂亮   B 以前就是这样   C 想带女的看北京

24. A 家里   B 车上   C 办公室

25. A 体育节目   B 历史节目   C 新闻节目

26. A 同事   B 老师   C 邻居

27. A 冬天到了   B 男的过生日   C 男的感冒了

28. A 六点五十五   B 七点   C 七点零五分

29. A 开车   B 走着去   C 坐地铁

30. A 没上课   B 没复习   C 字都忘了

第 四 部 分

第 31—40 题

例如：女：晚饭做好了，准备吃饭了。

男：等一会儿，比赛还有三分钟就结束了。

女：快点儿吧，菜冷了就不好吃了。

男：你先吃，我马上就看完了。

问：男的在做什么？

A 洗澡　　　　　　　B 吃饭　　　　　　　C 看电视　✓

31. A 打扫家里　　　　B 学习开车　　　　C 去接朋友

32. A 花园　　　　　　B 饭店　　　　　　C 公司

33. A 同事　　　　　　B 同学　　　　　　C 夫妻

34. A 鞋子　　　　　　B 裙子　　　　　　C 铅笔

35. A 身体不舒服　　　B 没看到奶奶　　　C 很难过

36. A 汽车　　　　　　B 火车　　　　　　C 轮船

37. A 经理　　　　　　B 客人　　　　　　C 服务员

38. A 检查电脑　　　　B 上网聊天　　　　C 回答问题

39. A 已经结婚了　　　B 有男朋友了　　　C 做事很认真

40. A 喜欢运动　　　　B 想一起走　　　　C 电梯坏了

二、阅　读

第 一 部 分

第 41—45 题

A 最近公司出现了很多问题。

B 那你什么时候给我们大家介绍介绍？

C 你准备表演什么节目？

D 没有，就是头有点儿疼，还不想吃东西。

E 当然。我们先坐公共汽车，然后换地铁。

F 真没想到，你的数学成绩提高得这么快！

例如：你知道怎么去那儿吗？　　　　　　　　　　　　　　　（ **E** ）

41. 别人都唱歌，那我就给大家跳一段舞吧。　　　　　（　　）

42. 我妈妈请了一个老师来教我。　　　　　　　　　（　　）

43. 我们应该在周末开个会。　　　　　　　　　　　（　　）

44. 中国的大城市，我几乎都去过。　　　　　　　　（　　）

45. 你除了发烧，有没有其他不舒服的地方？　　　　（　　）

第 46—50 题

A 他坐了一会儿就走了。

B 喝果汁不健康，还是吃西瓜吧。

C 是啊，明天一起去打篮球，怎么样？

D 我想去图书馆借书，你去吗？

E 她还在生我的气，怎么办呢？

46. 太好了，考试终于结束了！　　　　　　　　　（　　）

47. 别着急，让我帮你想个好办法。　　　　　　　（　　）

48. 如果我早来几分钟就能见到他了！　　　　　　（　　）

49. 天气真热，冰箱里有果汁吗？　　　　　　　　（　　）

50. 现在才七点半，那儿还没开门呢。　　　　　　（　　）

第 二 部 分

第 51—55 题

A 段　　　**B** 别人　　　**C** 相同　　　**D** 游戏　　　**E** 声音　　　**F** 瘦

例如：她说话的 （ **E** ） 多好听啊！

51. 写完作业以后，他喜欢在房间里玩儿电脑（　　　）。

52. 我们有 （　　　） 的爱好，都对世界历史很有兴趣。

53. 他工作很忙，睡觉时间少，现在越来越 （　　　） 了。

54. 这 （　　　） 话虽然很短，但是说得非常明白。

55. 她特别热情，（　　　） 有事都愿意找她帮忙。

第 56—60 题

A 条　　B 关于　　C 甜　　D 爱好　　E 害怕　　F 街道

例如：A：你有什么（ D ）？

B：我喜欢体育。

56. A：别把灯关了，我有点儿（　　）。
　　 B：你真有意思，想看又不敢看！

57. A：这（　　）鱼看起来不错，买吧。
　　 B：今天晚上的菜已经很多了，明天再买吧。

58. A：你们这儿的（　　）打扫得真干净，还有很多花。
　　 B：对啊，我们是有名的花园城市啊。

59. A：（　　）这件事，你还有什么要说的？
　　 B：我已经说完了，请你一定要相信我！

60. A：这西瓜真（　　），谁买的啊？
　　 B：我买的，喜欢就多吃点儿。

第 三 部 分

第 61—70 题

例如：您是来参加今天会议的吗？您来早了一点儿，现在才8点半。您先进来坐吧。

　　★ 会议最可能几点开始？

　　　　A 8点　　　　　　　　**B** 8点半　　　　　　　**C** 9点　 √

61. 我是南方人，我喜欢吃米饭；我丈夫是北方人，他喜欢吃面条儿。所以我们家经常中午吃米饭，晚上吃面条儿，这样每个人的习惯都能照顾到。
　　★ 根据这段话，可以知道：
　　　　A 丈夫是南方人　　　**B** 妻子喜欢吃面条儿　　**C** 他们习惯不一样

62. 现在手机可以上网，去哪儿都不用买地图了，你写个地方的名字，它就会告诉你怎么去那儿。
　　★ 现在的手机：
　　　　A 带着地图　　　　　**B** 比较便宜　　　　　　**C** 能帮忙找地方

63. 这家店与别的商店不一样，卖的都是旧的东西，让人觉得时间回到了很久很久以前。
　　★ 这家店：
　　　　A 很旧　　　　　　　**B** 很特别　　　　　　　**C** 开了很久

64. 以前南京的春天虽然短，但天气一般都很好。不像今年，一会儿刮风，一会儿下雨，已经好几天没见到太阳了，真奇怪。
　　★ 今年南京的春天怎么样？
　　　　A 很短　　　　　　　**B** 天气不好　　　　　　**C** 天天出太阳

— 23 —

65. 你想瘦下来吗？吃药是没什么作用的，最重要的是要经常锻炼身体。常常运动，你一定会瘦下来，而且身体还很健康。

★ 想瘦一点儿：

A 要多运动　　　　　B 必须吃药　　　　　C 对健康不好

66. 每个国家都有自己的文化，我每年都要去外国旅游，就是想要了解这些不同的文化。

★ "我" 去别的国家旅游是想：

A 休息休息　　　　　B 了解文化　　　　　C 换个环境

67. 我们都认为她不是现在这个世界的人，她不敢开汽车，可骑马骑得非常好；她不喜欢用电子邮件，只喜欢用纸写信。

★ 她这个人：

A 是外国人　　　　　B 骑车骑得好　　　　　C 有点儿特别

68. 今年学校换了个新地方，草地更大了，每年一次的足球比赛也改成半年一次了。

★ 今年学校：

A 搬家了　　　　　B 没草地了　　　　　C 不比赛了

69. 很多人工作一忙就忘记喝水了。其实，一天最少应该喝四到五杯水。不要等到口渴了再喝水，那时已经晚了。

★ 根据这段话，可以知道：

A 口渴再喝水　　　　　B 要多喝水　　　　　C 晚上不要喝水

70. 如果我准备得更好一点，检查得更认真一点，我的成绩一定会比现在更好。

★ 这次考试成绩 "我"：

A 没准备　　　　　B 检查得很认真　　　　　C 有点儿不满意

三、书　写

第　一　部　分

第 71—75 题

例如：小船　　上　　一　　河　　条　　有

　　　河上有一条小船。

71. 她　　好　　很　　一直　　的　　成绩

72. 球　　别　　你　　打　　了　　去

73. 吃　　快　　多　　他　　得　　啊

74. 干净　　终于　　衣服　　他　　洗　　了　　把

75. 公司　　这儿　　到　　多　　有　　远　　从

第 二 部 分

第 76—80 题

例如：没（关）系，别难过，高兴点儿。

76. 我弟弟上三（ ）级。

77. 我叔叔是一（ ）司机。

78. 多运动能提（ ）自己的体育成绩。

79. 写作业时，电脑的作（ ）很大。

80. 又是个雨天，看不到（ ）亮。

新 汉 语 水 平 考 试
HSK（三级）
全真模拟试题
（第2套）

注　　意

一、**HSK**（三级）分三部分：

　　1. 听力（40题，约35分钟）

　　2. 阅读（30题，30分钟）

　　3. 书写（10题，15分钟）

二、**听力结束后，有5分钟填写答题卡。**

三、全部考试约90分钟（含考生填写个人信息时间5分钟）。

中国　北京　　　　　　　　　　×××× / ×××××× 　编制

一、听　力

第 一 部 分

第 1—5 题

A

B

C

D

E

F

例如：男：喂，请问张经理在吗？

女：他正在开会，您半个小时以后再打，好吗？　　　　**D**

1. ☐

2. ☐

3. ☐

4. ☐

5. ☐

第 6—10 题

A

B

C

D

E

6. □

7. □

8. □

9. □

10. □

第 二 部 分

第 11—20 题

例如：为了让自己更健康，他每天都花一个小时去锻炼身体。

  ★ 他希望自己很健康。   （ √ ）

  今天我想早点儿回家。看了看手表，才5点。过了一会儿再看表，还是5点，我这才发现我的手表不走了。

  ★ 那块儿手表不是他的。   （ × ）

11. ★ "我" 要去火车站接朋友。   （ ）

12. ★ 公司就在第一层。   （ ）

13. ★ 这种电脑比以前便宜了。   （ ）

14. ★ 房子的厨房特别大。   （ ）

15. ★ 护照照片的要求有了变化。   （ ）

16. ★ "我" 一直没给女儿买狗。   （ ）

17. ★ "我" 以前体育成绩最好。   （ ）

18. ★ 老师会影响学生。   （ ）

19. ★ 刚才 "我" 带手机了。   （ ）

20. ★ "我" 爸爸身体不好。   （ ）

第 三 部 分

第 21—30 题

例如：男：小王，帮我开一下门，好吗？谢谢！

　　　　女：没问题。您去超市了？买了这么多东西。

　　　　问：男的想让小王做什么？

　　　　A 开门　√　　　　　　B 拿东西　　　　　　C 去超市买东西

21. A 感冒了　　　　　　　B 在看电视　　　　　　C 眼睛不好了

22. A 会议室　　　　　　　B 办公室　　　　　　　C 商店

23. A 数学　　　　　　　　B 历史　　　　　　　　C 体育

24. A 换学校了　　　　　　B 起得早了　　　　　　C 搬家了

25. A 明天　　　　　　　　B 今天　　　　　　　　C 下星期

26. A 学开车　　　　　　　B 买水果　　　　　　　C 接朋友

27. A 丈夫和妻子　　　　　B 客人和服务员　　　　C 老师和学生

28. A 做节目　　　　　　　B 去旅游　　　　　　　C 去外国学习

29. A 没上过大学　　　　　B 变化比较大　　　　　C 是女的同学

30. A 姐姐　　　　　　　　B 妹妹　　　　　　　　C 妈妈

第 四 部 分

例如：女：晚饭做好了，准备吃饭了。

男：等一会儿，比赛还有三分钟就结束了。

女：快点儿吧，菜冷了就不好吃了。

男：你先吃，我马上就看完了。

问：男的在做什么？

A 洗澡　　　　　　B 吃饭　　　　　　C 看电视　√

31. A 体育馆　　　　B 飞机场　　　　C 图书馆

32. A 他牙疼　　　　B 不喜欢　　　　C 刷过牙了

33. A 同事　　　　　B 叔叔　　　　　C 爸爸

34. A 鞋子　　　　　B 雨伞　　　　　C 裙子

35. A 很小　　　　　B 红色的　　　　C 没写名字

36. A 服务员　　　　B 司机　　　　　C 医生

37. A 五点零五分　　B 五点半　　　　C 六点

38. A 孩子　　　　　B 运动　　　　　C 兴趣

39. A 已经结婚了　　B 想买辆大车　　C 不喜欢出去玩儿

40. A 检查身体　　　B 写作业　　　　C 玩儿游戏

二、阅　读

第 一 部 分

第 41—45 题

A 没问题，你放心吧。

B 这个人唱歌唱得不怎么样。

C 这件衬衫你花了多少钱？

D 马上吃饭了，去洗洗手，你爸呢？

E 当然。我们先坐公共汽车，然后换地铁。

F 又找不到了？我打一下你电话，看看在哪儿。

例如：你知道怎么去那儿吗？　　　　　　　　　　　　　　（ **E** ）

41. 你看见我的手机了吗？　　　　　　　　　　　　　（　　）

42. 这个月我要回国，你能帮我收一下信吗？　　　　　（　　）

43. 但是他现在非常有名。　　　　　　　　　　　　　（　　）

44. 他在看电视呢，我去叫他。　　　　　　　　　　　（　　）

45. 我有点儿记不清楚了，很便宜的。　　　　　　　　（　　）

第 46—50 题

A 你真聪明，每次考试成绩都这么好。

B 周末有时间吗？我们一起去锻炼吧。

C 现在想想那时真是太好笑了。

D 是啊，在宾馆做服务员。

E 家里没米了，你去超市买一点儿吧。

46. 你是不是找到工作了？ （ ）
47. 我第一次游泳时非常害怕，怎么也不敢下水。 （ ）
48. 好的，我看完报纸就去。 （ ）
49. 周末公司有事，下星期吧。 （ ）
50. 我只是比别人多努力一点儿。 （ ）

第 二 部 分

第 51—55 题

　　　A 刻　　　**B** 城市　　　**C** 向　　　**D** 关心　　　**E** 声音　　　**F** 舒服

例如：她说话的 （ **E** ） 多好听啊！

51. 他又高又胖，这衣服太小了，他穿着很不 （ 　　 ）。

52. 这次出去旅游，我一共去了三个 （ 　　 ），花了不少钱。

53. 现在三点一 （ 　　 ） 了，演出三点半开始。

54. 他对你这么 （ 　　 ），一定是喜欢上你了。

55. 请再 （ 　　 ） 左边站一点儿，对，就这样，笑一个，好！

第 56—60 题

A 多么　　B 班　　C 满意　　D 爱好　　E 终于　　F 兴趣

例如：A：你有什么（　D　）？

　　　　B：我喜欢体育。

56. A：这是一个（　　）好的机会啊！
　　 B：是啊，你去那儿一定要好好儿学习。

57. A：您为什么选择这个工作？
　　 B：我从小就对游戏有（　　），我大学学的也和这个有关。

58. A：六年了，我（　　）有钱买房子了。
　　 B：真为你高兴，但如果是我，我就先买车。

59. A：我在三年级二（　　），你呢？
　　 B：我的汉语水平没你高，我还在一年级呢！

60. A：这儿的环境你（　　）吗？
　　 B：当然，旁边就是公园，前面有条小河，环境太美了！

第 三 部 分

第 61—70 题

例如：您是来参加今天会议的吗？您来早了一点儿，现在才 8 点半。您先进来坐吧。

★ 会议最可能几点开始？

A 8 点   B 8 点半   C 9 点 √

61. 每次遇到不明白的字词，我就把它记在本子上，然后自己查字典。我每天都会打开本子读读这些词，这样就能记住了。

★ "我" 遇到不明白的字词：

A 马上问老师   B 大声读出来   C 自己查字典

62. 红茶、绿茶、花茶，中国有很多种茶。人们认为天冷的时候喝红茶好，天热的时候喝绿茶舒服。

★ 根据这段话，冬天可以多喝：

A 花茶   B 红茶   C 绿茶

63. 上班后工作太忙，没时间锻炼。上星期和朋友们一起去踢了一次足球，到现在我的腿还疼呢。

★ 上班后 "我"：

A 很少运动   B 有了新朋友   C 经常会生病

64. 每年夏天，这个花园城市都要举行 "旅游节"，很多地方的人都来参加。人们来了都要喝这个城市有名的啤酒。

★ 这个城市：

A 夏天很热   B 啤酒很有名   C 没有人来旅游

65. 过去，人们喜欢在报纸上看新闻。现在，越来越多的人喜欢在网上找新闻，但是有时候你不知道这些新闻是不是真的。

★ 网上的新闻：

A 很重要　　　　　　B 常常很奇怪　　　　　C 有时不是真的

66. 从女儿一岁开始，每天睡觉前，我都会给她讲一个故事。听故事让她学到了很多东西，所以她说话说得很早，说的话也特别有意思。

★ "我"觉得故事让女儿：

A 睡得很好　　　　　B 有了好习惯　　　　　C 说话更有意思

67. 别难过了，这次没考好，是因为你生病了，下次你一定可以考好的。走，我们去唱歌吧。

★ 那个人为什么难过？

A 不想唱歌　　　　　B 没有考好　　　　　C 生大病了

68. 小孩儿吃东西的时候，常常吃得这儿也是，那儿也是，衣服上也不太干净。这时妈妈最好不要生气，这样可以让孩子早点儿学会自己吃饭。

★ 应该让孩子自己：

A 吃饭　　　　　　　B 洗衣服　　　　　　C 去学校

69. 每次下课前，我都会让学生把下次要带的东西记在本子上。开始还是有学生会忘，时间长了，他们每次来上课前，都会看看本子，把东西都带来。

★ 现在"我"的学生：

A 忘记带本子　　　　B 有了好习惯　　　　C 上课很认真

70. 小时候，别人都说我长得像我妈妈。现在，别人都说我笑起来跟我爸一样，但是，鼻子、眼睛长得还是很像我妈妈。

★ "我"：

A 鼻子不像妈妈　　　B 小时候像爸爸　　　C 笑起来像爸爸

三、书 写

第 一 部 分

第 71—75 题

例如：小船　　上　　一　　河　　条　　有

　　　河上有一条小船。

71. 十点　　已经　　了　　快　　现在

72. 房间　　宾馆　　多少　　你们　　有

73. 护照　　带　　忘了　　我

74. 空调　　打　　开　　你　　把　　吧

75. 一只　　小猫　　的　　可爱　　桌子上　　着　　坐

第 二 部 分

第 76—80 题

例如：没（关^{guān}）系，别难过，高兴点儿。

76. 在中国，星期天一般银行都开（   ^{mén}   ）。

77. 我准备去机场接女朋（   ^{you}   ）。

78. 洗（   ^{shǒu}   ）间就在电梯的右边。

79. 这（   ^{shuāng}   ）鞋已经旧了，该换了。

80. 这是送你的礼物，生日快（   ^{lè}   ）！

新 汉 语 水 平 考 试
HSK（三级）
全真模拟试题
（第 3 套）

注　　意

一、**HSK**（三级）分三部分：

    1. 听力（40 题，约 35 分钟）

    2. 阅读（30 题，30 分钟）

    3. 书写（10 题，15 分钟）

二、**听力结束后，有 5 分钟填写答题卡。**

三、全部考试约 90 分钟（含考生填写个人信息时间 5 分钟）。

中国　北京　　　　　　　　　×××× / ×××××× 　编制

一、听 力

第 一 部 分

第 1—5 题

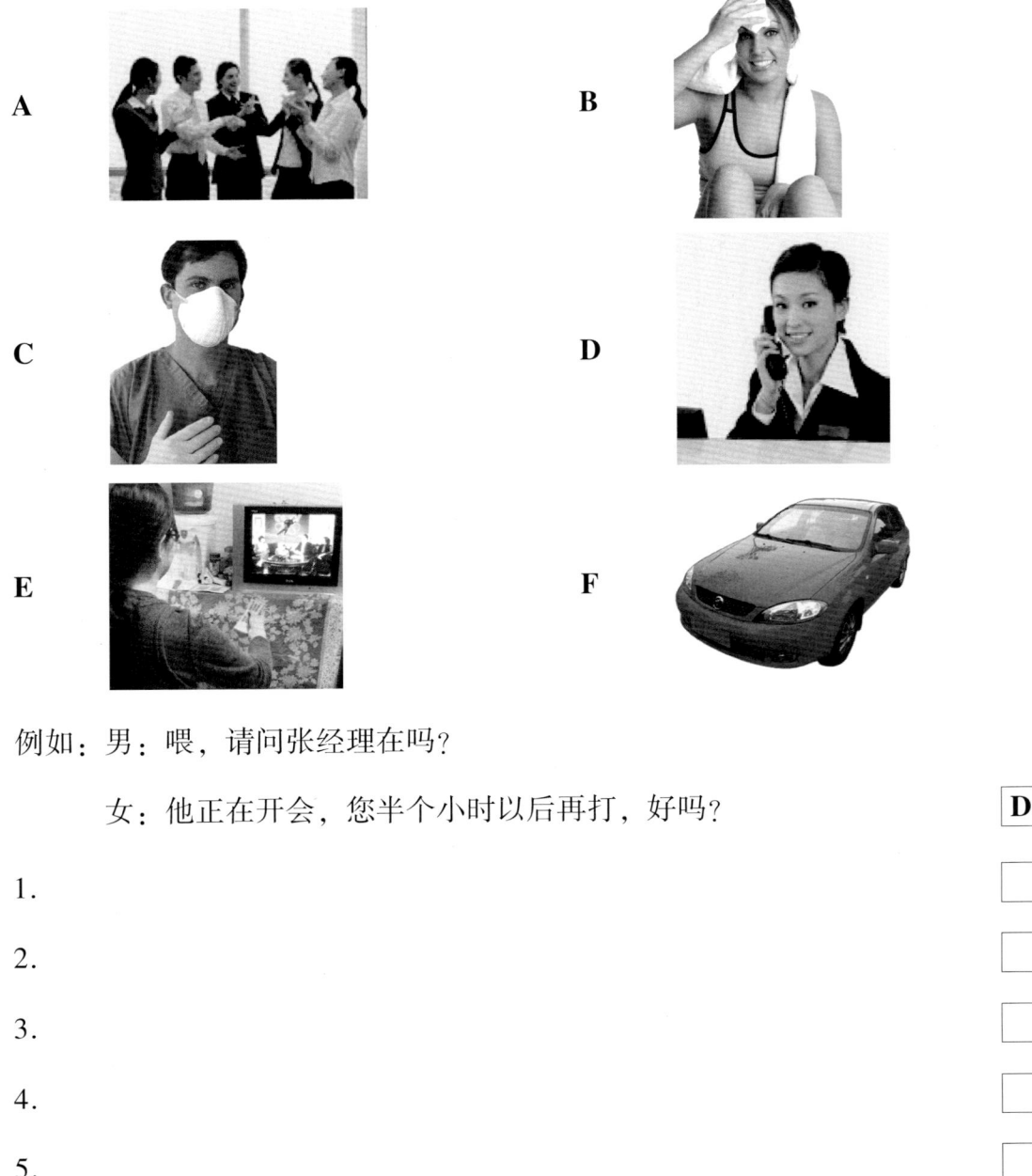

A

B

C

D

E

F

例如：男：喂，请问张经理在吗？

女：他正在开会，您半个小时以后再打，好吗？　　　　**D**

1.　　　　☐

2.　　　　☐

3.　　　　☐

4.　　　　☐

5.　　　　☐

第 6—10 题

A

B

C

D

E

6.

7.

8.

9.

10.

第 二 部 分

第 11—20 题

例如：为了让自己更健康，他每天都花一个小时去锻炼身体。

    ★ 他希望自己很健康。 （ √ ）

    今天我想早点儿回家。看了看手表，才 5 点。过了一会儿再看表，还是 5 点，我这才发现我的手表不走了。

    ★ 那块儿手表不是他的。 （ × ）

11. ★ "我" 很了解中国文化。 （   ）

12. ★ "我" 的书已经还了。 （   ）

13. ★ 儿子学习越来越差。 （   ）

14. ★ 现在人们常换手机。 （   ）

15. ★ 今天天气不太好。 （   ）

16. ★ 他们先看学校。 （   ）

17. ★ 一感冒就吃药不好。 （   ）

18. ★ 旅游点的东西比较贵。 （   ）

19. ★ 妈妈不会用电脑。 （   ）

20. ★ 春天 "我" 住的地方天气很好。 （   ）

第 三 部 分

第 21—30 题

例如：男：小王，帮我开一下门，好吗？谢谢！

女：没问题。您去超市了？买了这么多东西。

问：男的想让小王做什么？

A 开门 √   B 拿东西   C 去超市买东西

21. A 不太好   B 提高了   C 非常好

22. A 爱看电视   B 没有工作   C 有点儿累

23. A 老师和学生   B 丈夫和妻子   C 妈妈和孩子

24. A 写作业   B 看邮件   C 拿护照

25. A 包里   B 桌子上   C 办公室

26. A 医生   B 老师   C 经理

27. A 长胖了   B 喜欢运动   C 在上大学

28. A 颜色漂亮   B 非常新鲜   C 有点儿贵

29. A 六点五十   B 七点   C 七点十分

30. A 坐出租车   B 坐地铁   C 走路

第 四 部 分

第 31—40 题

例如：女：晚饭做好了，准备吃饭了。

男：等一会儿，比赛还有三分钟就结束了。

女：快点儿吧，菜冷了就不好吃了。

男：你先吃，我马上就看完了。

问：男的在做什么？

A 洗澡　　　　　　　　B 吃饭　　　　　　　　C 看电视　√

31. A 要去国外了　　　　B 工作成绩很好　　　　C 要见到孩子了

32. A 饭店　　　　　　　B 公司　　　　　　　　C 体育馆

33. A 喜欢写书　　　　　B 书没看完　　　　　　C 送男的书

34. A 春天　　　　　　　B 冬天　　　　　　　　C 秋天

35. A 两双　　　　　　　B 三双　　　　　　　　C 四双

36. A 今天　　　　　　　B 星期六　　　　　　　C 下星期一

37. A 打错电话了　　　　B 找女的有事　　　　　C 是小李同学

38. A 爬山　　　　　　　B 休息　　　　　　　　C 去动物园

39. A 比较小心　　　　　B 相信朋友　　　　　　C 想法很奇怪

40. A 图书馆　　　　　　B 家里　　　　　　　　C 商店

二、阅 读

第 一 部 分

第 41—45 题

A 一个夏天不见，你怎么瘦了？

B 第一次见面我就喜欢上他了！

C 晚上一起吃饭吧，就在常去的那家咖啡店。

D 你别害怕，我下去看看。

E 当然。我们先坐公共汽车，然后换地铁。

F 你一般什么时候上网？

例如：你知道怎么去那儿吗？   （ **E** ）

41. 我下班回到家就把电脑打开。   （   ）

42. 我天天都去体育馆游泳。   （   ）

43. 奇怪，楼下怎么会有声音？   （   ）

44. 我可能晚一点儿，你先点菜。   （   ）

45. 你了解他吗？这么快就打算结婚了？   （   ）

第 46—50 题

A 你怎么不接我的电话？

B 你数学那么好，为什么选择学历史？

C 是啊，夏天短头发也更舒服。

D 我记得你放在桌上了，你再找找。

E 我回来的路上遇到大学同学了。

46. 我从小就对历史很有兴趣。 （　　）

47. 我的护照是不是放在你的行李箱里了？ （　　）

48. 你怎么不请他来家里吃饭？ （　　）

49. 我如果头发短一点儿，是不是更好看？ （　　）

50. 刚才我在洗手间，手机放外面了。 （　　）

第 二 部 分

第 51—55 题

        A 简单   **B** 像   **C** 附近   **D** 空调   **E** 声音   **F** 层

例如：她说话的 （ **E** ） 多好听啊！

51. 几年不见，你真是越长越漂亮了，（　　　） 你姐姐一样。

52. （　　　） 开了半天了，怎么房间里还是这么热？

53. 这个书店真大，一共有五 （　　　） 楼，环境也非常好。

54. 有些事看起来很 （　　　），但是做起来不一定很容易。

55. 学校 （　　　） 的几家饭店都不错，我和几个老师中午常在外面吃。

第 56—60 题

A 完成　　B 只　　C 块　　D 爱好　　E 要求　　F 生气

例如：**A**：你有什么（ **D** ）？

　　　　　B：我喜欢体育。

56. **A**：现在的东西真是贵啊！
　　　B：是啊，我记得以前鸡蛋很便宜，现在要四（　　　）多。

57. **A**：今年你选了多少课？
　　　B：今年我在校外找了个工作，所以（　　　）选了两门课。

58. **A**：你对我们公司的服务还有什么（　　　）？
　　　B：没有了，我没想到的你们都为我想到了，我很满意。

59. **A**：女儿是不是又跟你（　　　）了？见到我也不说话。
　　　B：刚才她在玩儿游戏，我不让她玩儿，她当然不高兴了。

60. **A**：你都写了三个小时了，作业还没（　　　）吗？
　　　B：主要是我上课没听清楚，好多地方不明白。

第 三 部 分

第 61—70 题

例如：您是来参加今天会议的吗？您来早了一点儿，现在才 8 点半。您先进来
坐吧。

★ 会议最可能几点开始？

A 8 点　　　　　　　　B 8 点半　　　　　　　　C 9 点　√

61. 我家的老猫经常跑出去玩儿，每次我都能在花园的树下找到它，它累了就
在树下睡觉。
★ 那只老猫喜欢睡在：
A 门口　　　　　　　　B 树下　　　　　　　　C 公园里

62. 这几天都在下雨，不下雨也是多云，我觉得今年的中秋节很可能看不到月
亮了。
★ 根据这段话，可以知道最近：
A 春节到了　　　　　　B 月亮很大　　　　　　C 常常下雨

63. 那个地方以前环境很好，有山有河有绿树，城市里的人都会在节日去那里
旅游。但是旅游的人多了，环境就慢慢变差了。
★ 那个地方：
A 就在城市里　　　　　B 旅游的人很多　　　　C 环境一直很好

64. 听说你儿子考上北京大学了，我真为你们家高兴！我儿子明年也要考大学
了，等你儿子不忙的时候，让我儿子跟他学习学习。
★ "我"儿子怎么了？
A 特别高兴　　　　　　B 要考大学了　　　　　C 还是小学生

— 51 —

65. 外国人在中国点菜，不认识汉字也不用担心。因为现在很多饭店的菜单上都有菜的照片，看着照片点菜，就不怕点错了。

★ 现在很多饭店：

A 菜烧得非常好　　　　B 有很多外国人　　　　C 菜单上有照片

66. 虽然这个问题很小，但非常重要，所以必须马上解决，我们今天的会议就是请大家拿出一个好办法。

★ 这个问题：

A 特别重要　　　　B 不能解决　　　　C 明天再说

67. 世界真的很小，这儿离上海那么远，没想到还能遇到你。我全家现在都在这儿，晚上到我家来吧，我请你吃饭。

★ "我"请朋友：

A 帮助自己　　　　B 解决问题　　　　C 到家里吃饭

68. 有的中年人认为自己不感冒不生病，身体就很健康。其实，过了40岁的人，身体在慢慢地变老，最好能每年检查一次身体，这样可以早早地发现一些问题。

★ 中年人最好：

A 不要感冒　　　　B 工作不要太累　　　　C 每年检查身体

69. 虽然现在手机可以上网，可以查地图，但是我还是喜欢每去一个地方都买张地图。我觉得纸的地图看起来更方便，也更习惯。

★ 我觉得纸的地图：

A 看着更方便　　　　B 不习惯　　　　C 比较便宜

70. 这个果盘上面画了花和葡萄，真是太漂亮了。特别是葡萄，在太阳下一看，我还以为是真的呢。

★ 这个果盘上画着：

A 小鸟　　　　B 太阳　　　　C 葡萄

三、书 写

第 一 部 分

第 71—75 题

例如：小船　　上　　一　　河　　条　　有

　　　河上有一条小船。

71. 吧　去　我们　一起

72. 没有　了　完　写　你

73. 好听　真　唱　你的歌　得

74. 我们　办法　个　好　想　必须

75. 玩儿　她家　去　我　叫　小红　明天

第 二 部 分

第 76—80 题

例如：没（关guān）系，别难过，高兴点儿。

76. 附近的超（shì　）一直开到晚上十二点。

77. 左边的（diàn　）梯只到十八层，你最好坐右边的。

78. 这个新闻节（mù　）说的是酒后开车的事。

79. 别害怕，其实表演很简（dān　）。

80. 那位司机（fā　）现了我的包。

新 汉 语 水 平 考 试
HSK（三级）
全真模拟试题
（第 4 套）

注　　意

一、**HSK**（三级）分三部分：

    1. 听力（40 题，约 35 分钟）

    2. 阅读（30 题，30 分钟）

    3. 书写（10 题，15 分钟）

二、**听力结束后，有 5 分钟填写答题卡。**

三、全部考试约 90 分钟（含考生填写个人信息时间 5 分钟）。

中国　北京　　　　　　　×××× / ×××××× 　编制

一、听　力

第 一 部 分

第 1—5 题

A

B

C

D

E

F

例如：男：喂，请问张经理在吗？

女：他正在开会，您半个小时以后再打，好吗？ **D**

1. ☐

2. ☐

3. ☐

4. ☐

5. ☐

第 6—10 题

A

B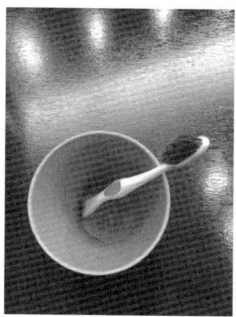

C

D

E

6. 　　　　　　　　　　　　　　　　　　　　□

7. 　　　　　　　　　　　　　　　　　　　　□

8. 　　　　　　　　　　　　　　　　　　　　□

9. 　　　　　　　　　　　　　　　　　　　　□

10. 　　　　　　　　　　　　　　　　　　　□

第 二 部 分

第 11—20 题

例如：为了让自己更健康，他每天都花一个小时去锻炼身体。

　　★ 他希望自己很健康。　　　　　　　　　　　　（ ✓ ）

　　今天我想早点儿回家。看了看手表，才 5 点。过了一会儿再看表，还是 5 点，我这才发现我的手表不走了。

　　★ 那块儿手表不是他的。　　　　　　　　　　　（ ✗ ）

11. ★ "我" 觉得狗很聪明。　　　　　　　　　　　　（　　）

12. ★ 房子越来越贵。　　　　　　　　　　　　　　（　　）

13. ★ "我" 对学生不太好。　　　　　　　　　　　　（　　）

14. ★ 今天是姐姐的生日。　　　　　　　　　　　　（　　）

15. ★ 机会出现后再做准备。　　　　　　　　　　　（　　）

16. ★ 这家咖啡店在公园里。　　　　　　　　　　　（　　）

17. ★ 弟弟正在看电视呢。　　　　　　　　　　　　（　　）

18. ★ "我" 妻子最近爱学做菜。　　　　　　　　　　（　　）

19. ★ 这是一张旧地图。　　　　　　　　　　　　　（　　）

20. ★ 白色让人觉得很快乐。　　　　　　　　　　　（　　）

第 三 部 分

第 21—30 题

例如：男：小王，帮我开一下门，好吗？谢谢！

女：没问题。您去超市了？买了这么多东西。

问：男的想让小王做什么？

A 开门 √　　　　　　 B 拿东西　　　　　　 C 去超市买东西

21. A 他早就知道了　　　 B 小红没告诉他　　　 C 报纸上说了

22. A 生女的气　　　　　 B 比较关心　　　　　 C 不太热情

23. A 商店　　　　　　　 B 水果店　　　　　　 C 洗衣店

24. A 考得不太好　　　　 B 觉得考试难　　　　 C 认真准备了

25. A 做晚饭　　　　　　 B 找手机　　　　　　 C 去公司

26. A 一个月　　　　　　 B 两个月　　　　　　 C 三个月

27. A 面包　　　　　　　 B 面条儿　　　　　　 C 米饭

28. A 太甜　　　　　　　 B 舒服　　　　　　　 C 新鲜

29. A 歌唱得不好　　　　 B 不喜欢音乐　　　　 C 想学习数学

30. A 路不好走　　　　　 B 要下雨　　　　　　 C 没有运动鞋

第 四 部 分

第 31—40 题

例如：女：晚饭做好了，准备吃饭了。

男：等一会儿，比赛还有三分钟就结束了。

女：快点儿吧，菜冷了就不好吃了。

男：你先吃，我马上就看完了。

问：男的在做什么？

A 洗澡　　　　　　　B 吃饭　　　　　　　C 看电视　√

31. A 生病了　　　　　B 参加比赛了　　　　C 照顾孩子了

32. A 检查行李　　　　B 选行李箱　　　　　C 放行李

33. A 车站　　　　　　B 书店　　　　　　　C 图书馆

34. A 想去玩儿　　　　B 做电视节目　　　　C 想了解不同的文化

35. A 报纸　　　　　　B 照片　　　　　　　C 裙子

36. A 司机　　　　　　B 厨师　　　　　　　C 老师

37. A 瘦了　　　　　　B 很累　　　　　　　C 不太健康

38. A 是北方人　　　　B 让人害怕　　　　　C 担心男的

39. A 用电脑　　　　　B 看电视　　　　　　C 打手机

40. A 看姐姐　　　　　B 去旅游　　　　　　C 开会

二、阅　读

第　一　部　分

第 41—45 题

A 你刚才放在报纸上了。

B 这个夏天他怎么不回老家了？

C 等一下，我把电视声音关小一点儿。

D 阿姨，您做的菜真好吃！

E 当然。我们先坐公共汽车，然后换地铁。

F 我没收到啊。

例如：你知道怎么去那儿吗？　　　　　　　　　　　　　（ **E** ）

41. 他工作还没找好，所以不打算回去了。　　　　　　　　（　　）

42. 我想问你点儿工作上的事。　　　　　　　　　　　　　（　　）

43. 你怎么没回我的电子邮件？　　　　　　　　　　　　　（　　）

44. 那你以后常来玩儿，我再做给你吃。　　　　　　　　　（　　）

45. 我眼镜又找不到了，你看见了吗？　　　　　　　　　　（　　）

第 46—50 题

A 医生写的字你看得懂吗？

B 你坐电梯上十九楼，出来右边第一间就是。

C 现在孩子的作业真难啊！

D 第一次见面，每个人介绍一下自己吧。

E 晚上我请你们吃饭，大家一起高兴一下。

46．大家好，我叫张天。 （　　）

47．请问经理办公室在哪儿？ （　　）

48．小学五年级的问题我都回答不上来。 （　　）

49．节目终于完成了！太不容易了。 （　　）

50．看不懂，但他能看好我的病。 （　　）

第 二 部 分

第 51—55 题

A 结束　　**B** 礼物　　**C** 种　　**D** 作用　　**E** 声音　　**F** 认真

例如：她说话的 （ **E** ） 多好听啊！

51. 故事还没有 （　　），每个孩子都可以自己来完成它。

52. 手机的 （　　） 越来越多，除了打电话，还能上网、照相。

53. 中国人认为 （　　） 的多少不重要，表示自己的关心最重要。

54. 虽然他不太聪明，但是做事情非常 （　　）。

55. 以后的孩子可能最少都会两 （　　） 语言。

第 56—60 题

A 从　　B 游戏　　C 需要　　D 爱好　　E 安静　　F 其他

例如：A：你有什么（　D　）？

　　　　B：我喜欢体育。

56. A：天地花园，地图上有吗？
　　 B：等等，找到了，（　　）这儿向西一直走到路口就到了。

57. A：昨天那个男孩儿你满意吗？
　　 B：别的我都挺满意的，就是有点儿太（　　）了。

58. A：你是不是遇到什么难题了？（　　）帮忙吗？
　　 B：谢谢，我已经解决了。

59. A：我们超市没有太阳眼镜，您去（　　）的超市看看吧。
　　 B：好的，谢谢！

60. A：你周末一般干吗？
　　 B：我一般在家休息，有时候玩儿玩儿电脑（　　）。

第 三 部 分

第 61—70 题

例如：您是来参加今天会议的吗？您来早了一点儿，现在才 8 点半。您先进来坐吧。

    ★ 会议最可能几点开始？

    A 8 点   **B** 8 点半   **C** 9 点   √

61. 我奶奶八十多了，很多事还是自己做。每天她起得都很早，起来后就把家里打扫得干干净净的。
    ★ "我"奶奶：
    A 身体不太好   **B** 每天都打扫房间   **C** 起得非常晚

62. 手机对身体有没有影响，这很难说。但是最好不要把手机放在耳朵边接电话，还有就是不要让孩子多玩儿手机。
    ★ 用手机时要注意：
    A 声音不要大   **B** 放在耳朵边   **C** 孩子别多玩儿

63. 上海有一种红色的旅游车，车有上下两层，它会带你去上海一些有名的地方，买了票以后一天里什么时候都可以上车。
    ★ 上海的旅游车：
    A 不用买票   **B** 一共两层   **C** 非常有名

64. 我生病的时候他照顾我，我不高兴的时候他想办法让我快乐，所以虽然他没什么钱，我还是愿意和他结婚，做他的妻子。
    ★ "我"为什么想和他结婚？
    A 他有钱   **B** 他关心"我"   **C** 希望他快乐

65. 每个人都会遇到很多难事，如果总是一个人去解决这些问题，这会让人很头疼。这时，朋友的作用就非常重要。有时候跟朋友说说自己的事，他们可能会给你很多帮助。

★ 遇到难事的时候：

A 一个人解决　　　　B 可能影响身体　　　　C 可以去找朋友

66. 小孩儿一般在七八个月的时候会叫"爸爸"或者"妈妈"，一岁多开始用一些简单的词语来表示自己的意思，这些词语常常只有两三个字。

★ 小孩儿一般一岁多时会：

A 说一两个字　　　　B 说简单的词　　　　C 叫爸爸妈妈

67. 这个地方夏天常常下雨，所以这里的人都习惯出门的时候带上伞。开车的人也会在车里放上伞。

★ 这里的人习惯：

A 开车　　　　B 带伞　　　　C 穿雨鞋

68. 人们常说："有时间的时候没有钱，有钱的时候没时间。"以前我不明白这句话。工作后我有钱了，但是总是没时间出去玩儿，才明白了这句话的意思。

★ "我"工作以后：

A 特别忙　　　　B 常出去旅游　　　　C 觉得没意思

69. 以前弟弟一直比我矮，到了中学的时候，他经常打篮球，突然长得很快，现在他已经一米八了。

★ 弟弟现在：

A 比"我"高　　　　B 爱踢足球　　　　C 上小学了

70. 我对过去的事情都特别有兴趣，所以我选择了学历史。虽然后来开了公司，做的事跟历史没什么关系，但一直喜欢看历史故事。

★ "我"很可能是：

A 历史老师　　　　B 公司经理　　　　C 写故事的人

三、书写

第一部分

第71—75题

例如：小船　　上　　一　　河　　条　　有

　　　<u>河上有一条小船。</u>

71. 一会儿　　了　　睡　　他

72. 杯子　　那个　　我　　是　　的

73. 个　　多少　　学校　　你们　　有　　学生

74. 中间　　站　　在　　他　　教室　　的

75. 衣服　　一件　　有　　也　　我　　白色的

第 二 部 分

第 76—80 题

例如：没（关^{guān}）系，别难过，高兴点儿。

76. 我出去旅游前都会上（　　^{wǎng}　　）查一下地图。

77. 每年这个城（　　^{shì}　　）都会举行音乐会。

78. 不高（　　^{xìng}　　）的事情最好都忘记。

79. 喝咖啡时我喜欢在里面放一（　　^{kuài}　　）糖。

80. 我最喜欢的季节是（　　^{dōng}　　）天。

新 汉 语 水 平 考 试
HSK（三级）
全真模拟试题
（第5套）

注　　意

一、**HSK**（三级）分三部分：

    1. 听力（40题，约35分钟）

    2. 阅读（30题，30分钟）

    3. 书写（10题，15分钟）

二、**听力结束后，有5分钟填写答题卡。**

三、全部考试约90分钟（含考生填写个人信息时间5分钟）。

中国　北京　　　　　　　　　　××××/×××××× 　编制

一、听　力

第　一　部　分

第1—5题

例如：男：喂，请问张经理在吗？

女：他正在开会，您半个小时以后再打，好吗？　　　　　**D**

1.

2.

3.

4.

5.

第 6—10 题

A

B

C

D

E

6.   ☐

7.   ☐

8.   ☐

9.   ☐

10.   ☐

第 二 部 分

第 11—20 题

例如：为了让自己更健康，他每天都花一个小时去锻炼身体。

　　★ 他希望自己很健康。　　　　　　　　　　　　　（ √ ）

　　今天我想早点儿回家。看了看手表，才 5 点。过了一会儿再看表，还是 5 点，我这才发现我的手表不走了。

　　★ 那块儿手表不是他的。　　　　　　　　　　　　（ × ）

11. ★ 房间里也很冷。　　　　　　　　　　　　　　　（　　）

12. ★ 孩子不能吃太多蛋糕。　　　　　　　　　　　　（　　）

13. ★ "我"喜欢用电子邮件。　　　　　　　　　　　　（　　）

14. ★ 他对中国文化很有兴趣。　　　　　　　　　　　（　　）

15. ★ "我"最喜欢春天。　　　　　　　　　　　　　　（　　）

16. ★ 只有夏天才应该多喝水。　　　　　　　　　　　（　　）

17. ★ 地图对"我"有帮助。　　　　　　　　　　　　　（　　）

18. ★ "我"每天都在图书馆学习。　　　　　　　　　　（　　）

19. ★ "我"喜欢这个邻居。　　　　　　　　　　　　　（　　）

20. ★ 爷爷奶奶身体很健康。　　　　　　　　　　　　（　　）

第 三 部 分

第 21—30 题

例如：男：小王，帮我开一下门，好吗？谢谢！

女：没问题。您去超市了？买了这么多东西。

问：男的想让小王做什么？

A 开门 √　　　　　B 拿东西　　　　　C 去超市买东西

21．A 2 岁　　　　　B 10 岁　　　　　C 18 岁

22．A 吃葡萄　　　　B 买葡萄　　　　C 洗葡萄

23．A 爬山　　　　　B 买帽子　　　　C 骑自行车

24．A 糖不好吃　　　B 刷过牙了　　　C 家里没有糖

25．A 女的　　　　　B 男的　　　　　C 经理的

26．A 教室　　　　　B 宾馆　　　　　C 图书馆

27．A 一年级　　　　B 二年级　　　　C 三年级

28．A 绿色的伞　　　B 黄色的包　　　C 红色的表

29．A 漂亮的　　　　B 聪明的　　　　C 可爱的

30．A 星期五　　　　B 星期六　　　　C 星期日

第 四 部 分

第 31—40 题

例如：女：晚饭做好了，准备吃饭了。

男：等一会儿，比赛还有三分钟就结束了。

女：快点儿吧，菜冷了就不好吃了。

男：你先吃，我马上就看完了。

问：男的在做什么？

A 洗澡　　　　　　　B 吃饭　　　　　　　C 看电视　　√

31. A 身体不好　　　　B 没写作业　　　　C 忘了时间

32. A 银行　　　　　　B 机场　　　　　　C 公园

33. A 很会照顾人　　　B 不放心妈妈　　　C 坐火车出门

34. A 手机　　　　　　B 电脑　　　　　　C 照相机

35. A 没有电梯　　　　B 离公司远　　　　C 坐车不方便

36. A 医生　　　　　　B 校长　　　　　　C 司机

37. A 同事　　　　　　B 同学　　　　　　C 男女朋友

38. A 吃的　　　　　　B 住的　　　　　　C 天气

39. A 新闻　　　　　　B 体育　　　　　　C 音乐

40. A 七点十五分　　　B 七点半　　　　　C 七点四十五分

二、阅　读

第 一 部 分

第 41—45 题

A 你发现了吗？她一见到你就脸红。

B 这个游戏很有意思，你能教教我吗？

C 你慢慢儿就会了解这个城市的。

D 妈妈，我那条蓝色的短裙呢？

E 当然。我们先坐公共汽车，然后换地铁。

F 那是因为她们很认真，很努力。

例如：你知道怎么去那儿吗？　　　　　　　　　　　　　（ E ）

41．帮你洗干净放床上了。　　　　　　　　　　　　　　（　　）

42．我们班数学成绩好的都是女同学。　　　　　　　　　（　　）

43．其实很容易的，你玩儿一会儿就会了。　　　　　　　（　　）

44．我昨天才来，还分不清东西南北呢。　　　　　　　　（　　）

45．这表示她喜欢你。　　　　　　　　　　　　　　　　（　　）

第 46—50 题

A 你能帮我想个办法吗？

B 你买了一辆新车啊，旧的呢？

C 大大的眼睛，高高的鼻子，长长的头发。

D 我吃了一个星期了，感冒还是没好。

E 今天的练习这么难，你都做对了？

46. 别着急，这件事我来解决。 （　　）

47. 卖了，这车二十万呢，要不哪有那么多钱？ （　　）

48. 这种药有作用吗？ （　　）

49. 是啊，新来的刘老师讲课清楚明白。 （　　）

50. 你跟我说说她长什么样。 （　　）

第 二 部 分

第 51—55 题

A 画　　B 经过　　C 关　　D 突然　　E 声音　　F 眼镜

例如：她说话的（ E ）多好听啊！

51. 我打算换一个（　　），黑板上的字我看不清楚了。

52. 我正在洗澡，洗手间里的灯（　　）坏了。

53. （　　）三天的努力，我们终于完成了工作。

54. 女儿用铅笔（　　）了一个漂亮的花园。

55. 请帮我（　　）一下门，刮风了。

第 56—60 题

A 楼   B 节日   C 愿意   D 爱好   E 热情   F 还是

例如：A：你有什么（ D ）？

　　　　B：我喜欢体育。

56. A：我想问问你，你（　　）跟我结婚吗？
　　B：当然，我等这句话已经等了一年了。

57. A：今天银行、商店怎么都不开门？
　　B：今天是中国最大的（　　）——春节。

58. A：你住在这个大（　　）里吗？
　　B：对，我住在第三层。

59. A：买这种蓝色的盘子（　　）那种黄色的？
　　B：蓝色的很漂亮，而且比黄色的便宜。

60. A：你觉得小王这个人怎么样？
　　B：很好啊，对谁都很（　　）。

第 三 部 分

第 61—70 题

例如：您是来参加今天会议的吗？您来早了一点儿，现在才 8 点半。您先进来
坐吧。

★ 会议最可能几点开始？

A 8 点   B 8 点半   C 9 点   √

61. 这张照片是十年前照的，我站在爸爸妈妈中间，那时候我还很矮，才一
米多。
★ 谁站在中间？
A "我"   B 爸爸   C 妈妈

62. 这是我们市最长的河，河水很干净，河两边有很多大树。环境很好，但过
去不是这样的。
★ 过去，这里：
A 非常干净   B 环境不好   C 人多极了

63. 小时候爸爸妈妈对我的要求是：好好学习，天天向上。意思是要努力学
习，每天都有提高，得到更好的成绩。
★ 爸爸妈妈希望"我"：
A 学习好   B 身体好   C 工作好

64. 2011 年 8 月 11 日，世界大学生运动会在中国深圳举行，一共有 152 个国
家的八千多位大学生来到深圳。这次大学生运动会举行了 12 天，8 月 22
日结束。
★ 大学生运动会举行了：
A 11 天   B 12 天   C 22 天

65. 来中国后我第一次看到筷子，我觉得用它吃东西很方便，特别是吃面条儿；而且我同意中国人说的，多用筷子会变得聪明。

★ 多用筷子可以：

A 长得很胖　　　　　B 吃得更快　　　　　C 变得聪明

66. 小时候，在我们北方香蕉是一种很贵的水果，但生病的时候爸爸会买给我吃，所以那个时候为了能吃到香蕉，我希望自己天天都生病。

★ 小时候，"我"希望自己生病是因为：

A 能吃到香蕉　　　　B 不用去学校　　　　C 可以在家玩儿

67. 虽然他是个外国人，但他的普通话说得好极了。如果你知道他的妻子是一位教汉语的中国人，就不会觉得奇怪了。

★ 关于他，我们可以知道：

A 喜欢学汉字　　　　B 普通话不好　　　　C 妻子是老师

68. 从小我就特别喜欢看天上的太阳、月亮和白白的云，我丈夫也这样，我们有很多相同的爱好，我觉得他是上天送给我的最好的礼物。

★ "我"喜欢看：

A 小鸟　　　　　　　B 月亮　　　　　　　C 大树

69. 我家有五口人，除了我，其他人都是老师，爸爸妈妈是中学老师，丈夫是大学老师，女儿读完大学，马上要去一个小学做老师了。

★ "我"家有几位老师？

A 四位　　　　　　　B 五位　　　　　　　C 六位

70. 这个故事告诉我们，你关心别人，别人才会关心你。你经常帮别人的忙，别人才会在你需要的时候帮助你。

★ 根据这段话，我们应该：

A 多听故事　　　　　B 相信自己　　　　　C 关心别人

三、书 写

第 一 部 分

第 71—75 题

例如：小船　　上　　一　　河　　条　　有

<u>河上有一条小船。</u>

71. 不喝　　啤酒　　我　　一般

72. 决定　　不　　阿姨　　了　　去

73. 请　　学习　　我　　影响　　别

74. 被　　他　　一　　了　　脚　　踢

75. 件　　姐姐　　事　　难过　　让　　特别　　这

第 二 部 分

第 76—80 题

例如：没（关）系，别难过，高兴点儿。
<small>guān</small>

76. 我不是不想去，（　）要是最近太忙了。
<small>zhǔ</small>

77. 外面下雪了，你开车小（　）点儿。
<small>xīn</small>

78. 我还（　）为你生气了呢。
<small>yǐ</small>

79. 这条街道在北京很有（　）。
<small>míng</small>

80. 你复（　）得那么好，我相信你一定能考好。
<small>xí</small>

新汉语水平考试
HSK（三级）
全真模拟试题
（第6套）

注　　意

一、**HSK**（三级）分三部分：

　　1. 听力（40题，约35分钟）

　　2. 阅读（30题，30分钟）

　　3. 书写（10题，15分钟）

二、**听力结束后，有5分钟填写答题卡。**

三、全部考试约90分钟（含考生填写个人信息时间5分钟）。

中国　北京　　　　　　　×××× / ××××××　　编制

一、听　力

第 一 部 分

第1—5题

A

B

C

D

E

F

例如：男：喂，请问张经理在吗？

女：他正在开会，您半个小时以后再打，好吗？　　　　**D**

1. ☐

2. ☐

3. ☐

4. ☐

5. ☐

A

B

C

D

E

6. ☐

7. ☐

8. ☐

9. ☐

10. ☐

第 二 部 分

第 11—20 题

例如：为了让自己更健康，他每天都花一个小时去锻炼身体。

　　★ 他希望自己很健康。　　　　　　　　　　　　　（ √ ）

　　今天我想早点儿回家。看了看手表，才 5 点。过了一会儿再看表，还是 5 点，我这才发现我的手表不走了。

　　★ 那块儿手表不是他的。　　　　　　　　　　　　（ × ）

11. ★ 阿姨一个星期工作六天。　　　　　　　　　　　（　　）

12. ★ 儿子不喜欢住宾馆。　　　　　　　　　　　　　（　　）

13. ★ 他们正在搬家里的东西。　　　　　　　　　　　（　　）

14. ★ 爷爷奶奶喜欢小狗。　　　　　　　　　　　　　（　　）

15. ★ 妈妈经常锻炼。　　　　　　　　　　　　　　　（　　）

16. ★ "我" 住在北方。　　　　　　　　　　　　　　（　　）

17. ★ "我" 希望别人帮 "我" 解决问题。　　　　　　（　　）

18. ★ "我" 请朋友帮 "我" 借一本字典。　　　　　　（　　）

19. ★ 女儿喜欢熊猫。　　　　　　　　　　　　　　　（　　）

20. ★ "我" 还在回家的路上。　　　　　　　　　　　（　　）

第 三 部 分

第 21—30 题

例如：男：小王，帮我开一下门，好吗？谢谢！

女：没问题。您去超市了？买了这么多东西。

问：男的想让小王做什么？

A 开门　√　　　　　B 拿东西　　　　　C 去超市买东西

21. A 不能照相　　　　B 汽车坏了　　　　C 这儿不漂亮

22. A 校长　　　　　　B 司机　　　　　　C 医生

23. A 饭店　　　　　　B 火车站　　　　　C 办公室

24. A 喝酒了　　　　　B 生病了　　　　　C 哭了

25. A 男的　　　　　　B 女的　　　　　　C 阿姨

26. A 安静点儿　　　　B 认真点儿　　　　C 小心点儿

27. A 两点　　　　　　B 四点　　　　　　C 六点

28. A 很容易　　　　　B 太难了　　　　　C 很奇怪

29. A 飞飞不听话　　　B 男的很聪明　　　C 他相信飞飞

30. A 2 个　　　　　　B 7 个　　　　　　C 9 个

第 四 部 分

第 31—40 题

例如：女：晚饭做好了，准备吃饭了。

男：等一会儿，比赛还有三分钟就结束了。

女：快点儿吧，菜冷了就不好吃了。

男：你先吃，我马上就看完了。

问：男的在做什么？

A 洗澡　　　　　　　　B 吃饭　　　　　　　　C 看电视　√

31. A 今天过生日　　　　B 不会做蛋糕　　　　C 很担心男的

32. A 15 岁　　　　　　　B 50 岁　　　　　　　C 65 岁

33. A 矮的　　　　　　　B 高的　　　　　　　C 新的

34. A 照照片　　　　　　B 吃面条儿　　　　　C 看月亮

35. A 数学不太好　　　　B 很想做老师　　　　C 不喜欢画画儿

36. A 花园里　　　　　　B 电梯里　　　　　　C 会议室里

37. A 妈　　　　　　　　B 姐　　　　　　　　C 吗

38. A 穿裤子方便　　　　B 女的没裙子　　　　C 跟别人不同

39. A 运动　　　　　　　B 买菜　　　　　　　C 做饭

40. A 邻居　　　　　　　B 同学　　　　　　　C 同事

二、阅　读

第　一　部　分

第 41—45 题

A 我给他写了电子邮件，但他一直没回我。

B 我觉得自己短头发更漂亮，你觉得呢？

C 四个人，请先给我看一下菜单。

D 外面刮风了，可能要下雨，你带把伞吧。

E 当然。我们先坐公共汽车，然后换地铁。

F 他忙得几乎没时间睡觉，能不瘦吗？

例如：你知道怎么去那儿吗？　　　　　　　　　　　　　　（ **E** ）

41. 我发现老张最近瘦了很多。　　　　　　　　　　（　　）

42. 请问你们几位？　　　　　　　　　　　　　　　（　　）

43. 我听说他在那儿上网不方便。　　　　　　　　　（　　）

44. 同意，而且夏天短一点儿舒服。　　　　　　　　（　　）

45. 不用，如果下雨我就坐出租车回来。　　　　　　（　　）

第 46—50 题

A 新来的邻居人怎么样啊？

B 我正在等行李箱呢，马上出来。

C 这个黄色的游泳帽是给我的吗？

D 没办法，回去拿吧，没有护照上不了飞机。

E 比赛六点一刻开始，没时间吃晚饭了。

46. 没关系，我买两个面包带着吧。　　　　　　　　　（　　）

47. 你在哪儿？我已经到机场了。　　　　　　　　　　（　　）

48. 护照被我忘在家里了，怎么办？　　　　　　　　　（　　）

49. 两个都是新买的，你选一个喜欢的颜色吧。　　　　（　　）

50. 不错，是个很热情的人。　　　　　　　　　　　　（　　）

第 二 部 分

第51—55题

A 有名 　　B 提高 　　C 黑板 　　D 信 　　E 声音 　　F 出现

例如：她说话的 （ E ） 多好听啊！

51. 跟电子邮件比，我更喜欢用纸写 （ 　　 ）。

52. 我来中国一年了，这一年来我的汉语水平 （ 　　 ） 了很多。

53. 每次我需要帮助的时候，他都是第一个 （ 　　 ） 在我身边。

54. 这儿的茶特别 （ 　　 ），你买点儿带回去送给朋友吧。

55. 大家不要说话了，请看 （ 　　 ）。

第 56—60 题

A 迟到　　B 辆　　C 放心　　D 爱好　　E 然后　　F 渴

例如：A：你有什么（ D ）？

　　　B：我喜欢体育。

56．A：小张，能借我两万块钱吗？我有急用。
　　　B：真对不起，我上个月换了一（　　）新车，现在没钱。

57．A：妈妈，我太（　　）了，快给我一杯水。
　　　B：你终于回来了，这一天都去哪儿了？

58．A：儿子他们班的表演几点开始啊？
　　　B：六点，你早点儿下班吧，别（　　）了。

59．A：明天就考试了，都复习好了吗？
　　　B：（　　），早就复习好了。

60．A：这次旅游你打算去哪些地方？
　　　B：我先去上海，（　　）去南京，从南京回北京。

第 三 部 分

第 61—70 题

例如：您是来参加今天会议的吗？您来早了一点儿，现在才 8 点半。您先进来坐吧。

　　★ 会议最可能几点开始？

　　A 8 点　　　　　　　　　B 8 点半　　　　　　　　　C 9 点　　√

61. 我的普通话说得比较差，要多练习，希望大家多帮助我。
　　★ "我" 希望大家：
　　　　A 都说普通话　　　　　B 多多帮助 "我"　　　C 练习说汉语

62. 对狗来说，鼻子比眼睛、耳朵的作用更大，它可以帮狗找吃的东西，还能帮狗找到回家的路。
　　★ 对狗来说什么最重要？
　　　　A 鼻子　　　　　　　　B 眼睛　　　　　　　　C 耳朵

63. 我习惯一边听音乐一边写作业，音乐不会影响我学习，它能让我更好地完成作业。
　　★ 听音乐：
　　　　A 使 "我" 很快乐　　　B 影响 "我" 学习　　　C 能写好作业

64. 我对新买的房子特别满意，虽然离公司比较远，但房子附近有小河，也有大树，每天早上都能听到小鸟的叫声，这里的云也比城里的白多了，住在这里一定会很健康的。
　　★ "我" 新买的房子：
　　　　A 离公司远　　　　　　B 环境不好　　　　　　C 小鸟太多

— 93 —

65. 以前去银行办事，如果人很多要站着等；现在不一样了，银行里有舒服的椅子，椅子旁边有报纸，有的银行还有糖或者茶水，你可以一边喝茶看报纸一边等，这样就会觉得时间过得很快。

★ 现在的银行放报纸是为了让人：

A 买报纸　　　　　B 了解新闻　　　　　C 不要着急

66. 从地图来看，我们离山脚下不太远了，快点儿走吧，老张他们已经在那儿等我们了。秋天是这儿最好的季节，从山上向下看特别漂亮。

★ 他们可能要去：

A 爬山　　　　　　B 买地图　　　　　C 骑自行车

67. 中国有句老话叫"世上无难事，只怕有心人"，是说世界上没有难事儿，只要你努力去做，什么事情都能做好。

★ 这段话告诉我们：

A 世界上没有难事　　B 要努力做每件事　　C 老话都说得很对

68. 张老师，我的腿不知道为什么突然疼起来了，我想去医院看一下，今天的体育课不能上了，希望您能同意。

★ "我"希望张老师：

A 让"我"去医院　　B 别上体育课　　　C 跟"我"一起去

69. 我们是同班同学，她是个很安静的女孩儿，我喜欢说喜欢笑，而且我们的兴趣爱好也很不一样，很多人都奇怪为什么我们能变成最好的朋友。

★ "我"和她：

A 都很安静　　　　B 爱好相同　　　　C 是好朋友

70. 孩子两三岁就应该开始刷牙了，每天早晚两次，每次刷三分钟。刷牙的水不要太冷也不要太热，如果孩子天天都能把牙刷干净，就会有一口健康、漂亮的牙。

★ 刷牙应该：

A 刷两分钟　　　　B 用热水　　　　　C 从两三岁开始

三、书 写

第 一 部 分

第 71—75 题

例如：小船　　上　　一　　河　　条　　有

　　　<u>河上有一条小船。</u>

71. 他　　吃饭　　在家　　一般

72. 故事　　我　　喜欢　　历史　　看

73. 跟　　吗　　你　　比赛　　敢　　我

74. 看　　他　　奇怪　　我　　着　　地

75. 我　　的　　成绩　　他　　低　　两分　　比

第 二 部 分

第 76—80 题

例如：没 （ 关 ） 系，别难过，高兴点儿。

76. 我新买的那个 （　　　） 是红色的。

77. 找您八块钱，这是您的 （　　　） 西，请拿好。

78. 明天的 （　　　） 议在哪儿举行？

79. 这两种词典都不错，买哪本都 （　　　） 以。

80. 这种游戏没什么意思，我想不明 （　　　） 为什么会有那么多人喜欢？

新 汉 语 水 平 考 试

HSK（三级）

全真模拟试题

（第7套）

一、听　力

第　一　部　分

第 1—5 题

例如：男：喂，请问张经理在吗？

　　　女：他正在开会，您半个小时以后再打，好吗？　　　**D**

1. 　　　　　　　　　　　　　　　　　　　　　　　　　　☐

2. 　　　　　　　　　　　　　　　　　　　　　　　　　　☐

3. 　　　　　　　　　　　　　　　　　　　　　　　　　　☐

4. 　　　　　　　　　　　　　　　　　　　　　　　　　　☐

5. 　　　　　　　　　　　　　　　　　　　　　　　　　　☐

第 6—10 题

A

B

C

D

E

6.   □

7.   □

8.   □

9.   □

10.   □

第 二 部 分

第 11—20 题

例如：为了让自己更健康，他每天都花一个小时去锻炼身体。

　　★ 他希望自己很健康。　　　　　　　　　　　　　（ ✓ ）

　　今天我想早点儿回家。看了看手表，才 5 点。过了一会儿再看表，还是 5 点，我这才发现我的手表不走了。

　　★ 那块儿手表不是他的。　　　　　　　　　　　　（ ✗ ）

11. ★ 他不喜欢颜色特别的花儿。　　　　　　　　　　（　　）

12. ★ "我" 决定坐地铁去。　　　　　　　　　　　　（　　）

13. ★ "我" 早上七点十分起床。　　　　　　　　　　（　　）

14. ★ "我" 是这个公司的经理。　　　　　　　　　　（　　）

15. ★ 朋友很健康。　　　　　　　　　　　　　　　　（　　）

16. ★ 儿子有一个坏习惯。　　　　　　　　　　　　　（　　）

17. ★ 空调不要开太长时间。　　　　　　　　　　　　（　　）

18. ★ 刘校长喜欢骑马。　　　　　　　　　　　　　　（　　）

19. ★ 小张经常爬山。　　　　　　　　　　　　　　　（　　）

20. ★ 这个地方变化很大。　　　　　　　　　　　　　（　　）

第 三 部 分

第 21—30 题

例如：男：小王，帮我开一下门，好吗？谢谢！

女：没问题。您去超市了？买了这么多东西。

问：男的想让小王做什么？

A 开门　√　　　　　　B 拿东西　　　　　　C 去超市买东西

21. A 写作业　　　　　　B 看电视　　　　　　C 吃晚饭

22. A 超市　　　　　　　B 饭店　　　　　　　C 动物园

23. A 音乐声音很大　　　B 女的明天考试　　　C 男的不爱学习

24. A 两块　　　　　　　B 四块　　　　　　　C 八块

25. A 老师　　　　　　　B 司机　　　　　　　C 服务员

26. A 长点儿的　　　　　B 短点儿的　　　　　C 新点儿的

27. A 很高兴　　　　　　B 很着急　　　　　　C 很放心

28. A 春天　　　　　　　B 夏天　　　　　　　C 冬天

29. A 一楼　　　　　　　B 二楼　　　　　　　C 三楼

30. A 天气舒服　　　　　B 特别漂亮　　　　　C 水果很多

第 四 部 分

第 31—40 题

例如：女：晚饭做好了，准备吃饭了。

男：等一会儿，比赛还有三分钟就结束了。

女：快点儿吧，菜冷了就不好吃了。

男：你先吃，我马上就看完了。

问：男的在做什么？

A 洗澡　　　　　　B 吃饭　　　　　　C 看电视　√

31. A 男的　　　　　　B 女的　　　　　　C 王真

32. A 他爱吃面条儿　　B 妈妈过生日　　　C 妈妈让他做的

33. A 会开车　　　　　B 喜欢上网　　　　C 买了地图

34. A 医生　　　　　　B 服务员　　　　　C 校长

35. A 喜欢站着　　　　B 高了很多　　　　C 常来女的家

36. A 很差　　　　　　B 一般　　　　　　C 很好

37. A 面包　　　　　　B 面条儿　　　　　C 米饭

38. A 没有钱　　　　　B 不会开车　　　　C 地铁更方便

39. A 旅游　　　　　　B 学习　　　　　　C 工作

40. A 学校　　　　　　B 公园　　　　　　C 机场

二、阅　读

第 一 部 分

第 41—45 题

A 表演下午三点半举行，请大家不要迟到。

B 数学成绩提高了很多。

C 告诉妈妈，你在黑板上画的是什么啊？

D 明天就要参加比赛了，她有点儿担心。

E 当然。我们先坐公共汽车，然后换地铁。

F 我想买一本字典。

例如：你知道怎么去那儿吗？ （ **E** ）

41. 这是树，树上有鸟，旁边是小河，还有白云。 （ ）

42. 王春最近学习特别认真。 （ ）

43. 她每天都很努力地练习，但水平还是比别人低。 （ ）

44. 他很热情地说帮我买一本。 （ ）

45. 我想知道几点能结束。 （ ）

第 46—50 题

A 她对中国的历史文化很有兴趣。

B 妈妈把刚才买的水果放冰箱里了。

C 虽然我们是同事，但关系一般，不太了解。

D 服务员，请把菜单拿来。

E 你要走了，我也没什么能送给你的。

46. 你能介绍几本书给她吗？ （   ）

47. 但是香蕉是不应该放冰箱里的。 （   ）

48. 好的，马上就来。 （   ）

49. 你了解他吗？ （   ）

50. 你教了我很多，对我来说这就是最好的礼物。 （   ）

第 二 部 分

第 51—55 题

A 胖   **B** 主要   **C** 词语   **D** 碗   **E** 声音   **F** 搬

例如：她说话的 （ **E** ） 多好听啊！

51. 房间太小，如果想放床就必须把桌子 （   ） 走。

52. 请大家用今天新学的 （   ） 写一段话。

53. 中午只吃了一 （   ） 面条儿，现在有点儿饿了。

54. 这裙子很漂亮，但是我 （   ） 了，穿不下了。

55. 这件事情没办好 （   ） 是我的错，跟他没关系。

第 56—60 题

A 耳朵　　B 矮　　C 位　　D 爱好　　E 总是　　F 还

例如：A：你有什么（　D　）？

　　　B：我喜欢体育。

56. A：你借老张的一千块钱（　　　）了吗？
　　 B：差点儿忘了，人一老就容易忘事儿，我马上去银行。

57. A：这椅子太高了，坐着不舒服。
　　 B：中间那个比较（　　　），你坐那个吧。

58. A：您好，请问你们有几（　　　）？
　　 B：我们一共八个人，请给我们大一点儿的桌子。

59. A：你上次说（　　　）疼，现在好点儿了吗？
　　 B：好多了，谢谢关心。

60. A：对不起，这个周末我没时间，下次吧。
　　 B：（　　　）说没时间，跟你见一面怎么这么难啊？

第 三 部 分

第 61—70 题

例如：您是来参加今天会议的吗？您来早了一点儿，现在才 8 点半。您先进来坐吧。

　　★ 会议最可能几点开始？

　　A 8 点　　　　　　　　B 8 点半　　　　　　　C 9 点　√

61. 小王，你还是给我打电话吧，那个地方上网不方便，不要写电子邮件。
　　★ 说话人希望小王不要：
　　A 上网　　　　　　　B 打电话　　　　　　C 写邮件

62. 小的时候没书看，发现一本新书能高兴好几天。现在呢，去书店都不知道该选择哪一本了。
　　★ "我" 觉得现在的书：
　　A 太多了　　　　　　B 没意思　　　　　　C 非常好

63. 他喜欢漂亮的女孩儿，要有长头发、大眼睛、高鼻子，而且要聪明，但是那么好的女孩儿会喜欢他吗？
　　★ 根据这段话，可以知道他：
　　A 没有人喜欢　　　　B 要求比较高　　　　C 人非常聪明

64. 考试时间是这个周末下午三点一刻到五点一刻，在公司二楼的大会议室，请不要把书、手机、电脑带进去，注意不要用铅笔答题。
　　★ 关于这次考试，我们可以知道：
　　A 一共三个小时　　　B 参加的人很多　　　C 不能用铅笔写

65. 中国人常说："饭后百步走，能活九十九。"这句话不是说饭后一定要走一百步，而是说吃完饭走一走对身体特别好。

★ 根据这段话，可以知道：

A 吃饭很重要　　　B 运动使人健康　　　C 饭前不要走路

66. 哭有时候表示难过，有时候表示高兴，哭过了人会觉得很舒服。很多男人想哭的时候不敢哭，害怕别人笑自己，其实，这是不对的。为了健康，想哭的时候就应该哭出来。

★ 说话人认为，男人：

A 不能哭　　　B 害怕别人哭　　　C 想哭就应该哭

67. 长时间体育锻炼以后，有的人会觉得很饿，有的人还会觉得有点儿不舒服，这可能是因为身体里低糖，吃一块儿糖或者喝杯果汁就会好的。

★ 锻炼以后觉得不舒服时应该：

A 喝点儿果汁　　　B 马上休息　　　C 回家吃饭

68. 一年来，他几乎每天都在办公室里工作十几个小时，终于完成了别人认为不可能完成的工作。经理对他很满意，决定送他出国学习一年。

★ 他能出国学习是因为他：

A 很爱学习　　　B 工作努力　　　C 工作时间长

69. 我在电视上看过熊猫，觉得它可爱极了，但是我们国家没有熊猫，我希望能有机会去中国看看真的熊猫。

★ "我"希望：

A 去中国学习　　　B 经常看电视　　　C 看真的熊猫

70. 电梯快上来了，别回去拿伞了，没带就没带吧。地铁站离家就三四百米，回来时就是真的下雨了，快点跑回来就行了。

★ "我"觉得不带伞：

A 没关系　　　B 不方便　　　C 会生病

三、书　写

第　一　部　分

第 71—75 题

例如：小船　　上　　一　　河　　条　　有

　　　<u>河上有一条小船。</u>

71. 家里　　了　　客人　　来　　他

72. 你　　碗　　一下　　洗　　把

73. 经理　　是　　同意　　的　　不会

74. 不会　　用　　孩子　　还　　呢　　筷子

75. 的　　我　　相同　　他　　爱好　　跟　　有

第 二 部 分

第76—80题

例如：没（关）系，别难过，高兴点儿。

76. 今天的月亮真美，我们在（cǎo　）地上坐坐吧。

77. 感冒时多喝水多休息少吃药，因为吃药作用（bǐ　）较小。

78. 大的这种一元钱一个，小的八（jiǎo　）。

79. 他就是听不明白，我有什么（bàn　）法？

80. 我渴了，冰箱（lǐ　）有什么喝的？

新 汉 语 水 平 考 试
HSK（三级）
全真模拟试题
（第8套）

注　　意

一、**HSK**（三级）分三部分：

    1. 听力（40题，约35分钟）

    2. 阅读（30题，30分钟）

    3. 书写（10题，15分钟）

二、**听力结束后，有5分钟填写答题卡。**

三、全部考试约90分钟（含考生填写个人信息时间5分钟）。

中国　北京　　　　　　　×××× / ××××××　编制

一、听 力

第 一 部 分

第1—5题

A

B

C

D

E

F

例如：男：喂，请问张经理在吗？

女：他正在开会，您半个小时以后再打，好吗？   **D**

1. ☐

2. ☐

3. ☐

4. ☐

5. ☐

第 6—10 题

A

B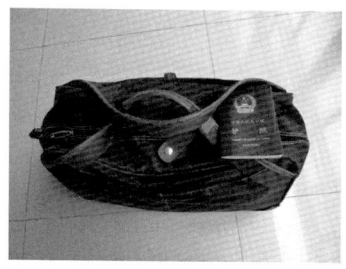

C

D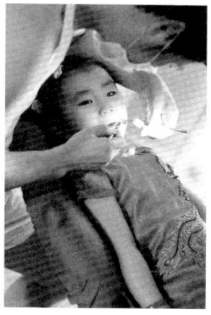

E

6. ☐

7. ☐

8. ☐

9. ☐

10. ☐

第 二 部 分

第 11—20 题

例如：为了让自己更健康，他每天都花一个小时去锻炼身体。

    ★ 他希望自己很健康。   （ √ ）

    今天我想早点儿回家。看了看手表，才 5 点。过了一会儿再看表，还是 5 点，我这才发现我的手表不走了。

    ★ 那块儿手表不是他的。   （ × ）

11. ★ 小时候他不想长大。   （   ）

12. ★ "我"新买的照相机坏了。   （   ）

13. ★ "我"是在北京长大的。   （   ）

14. ★ "我"没有时间锻炼身体。   （   ）

15. ★ "我"是一个老师。   （   ）

16. ★ 妈妈现在住在宾馆。   （   ）

17. ★ 他们经常去买东西。   （   ）

18. ★ 用手机时要注意一些问题。   （   ）

19. ★ 南方没下雪。   （   ）

20. ★ 爸爸篮球打得很好。   （   ）

第 三 部 分

第 21—30 题

例如：男：小王，帮我开一下门，好吗？谢谢！

女：没问题。您去超市了？买了这么多东西。

问：男的想让小王做什么？

A 开门　√ 　　　　B 拿东西　　　　C 去超市买东西

21. A 愿意帮忙　　　　B 没有时间　　　　C 工作太忙

22. A 星期五　　　　B 星期六　　　　C 星期天

23. A 非常热　　　　B 人太多　　　　C 比较远

24. A 去看医生　　　　B 还老张钱　　　　C 送女儿上学

25. A 儿子喜欢爬　　　　B 朋友让他去　　　　C 山上很漂亮

26. A 宾馆　　　　B 商店　　　　C 饭店

27. A 看电视　　　　B 参加表演　　　　C 举行比赛

28. A 男的　　　　B 女的　　　　C 经理

29. A 雨不太大　　　　B 不要买伞　　　　C 坐车回家

30. A 七点半　　　　B 七点三刻　　　　C 八点

第 四 部 分

第 31—40 题

例如：女：晚饭做好了，准备吃饭了。

男：等一会儿，比赛还有三分钟就结束了。

女：快点儿吧，菜冷了就不好吃了。

男：你先吃，我马上就看完了。

问：男的在做什么？

A 洗澡 　　　　　　B 吃饭 　　　　　　C 看电视　√

31. A 左边的 　　　　B 右边的 　　　　C 中间的

32. A 工作 　　　　　B 学习 　　　　　C 旅游

33. A 很久没开了 　　B 没学过开车 　　C 男的不让她开

34. A 司机 　　　　　B 医生 　　　　　C 老师

35. A 出国 　　　　　B 工作 　　　　　C 结婚

36. A 师生 　　　　　B 夫妻 　　　　　C 同事

37. A 比较热 　　　　B 很舒服 　　　　C 有点儿冷

38. A 玩儿游戏 　　　B 洗盘子 　　　　C 吃晚饭

39. A 工作需要 　　　B 为了看新闻 　　C 对电脑有兴趣

40. A 女的不重要 　　B 下周能见面 　　C 不去开会了

二、阅 读

第 一 部 分

第 41—45 题

A 叔叔阿姨，不用送了，你们回去吧。

B 好久没有接到小雨的信了，不知道是不是出了什么事。

C 我的眼镜坏了，也看不清楚。

D 洗手间的灯怎么没关呢？

E 当然。我们先坐公共汽车，然后换地铁。

F 所以下楼去附近的超市买了果汁和面包。

例如：你知道怎么去那儿吗？ （ **E** ）

41. 你别担心，他很好，只是最近有点儿忙。 （ ）

42. 老师在黑板上写了什么啊？ （ ）

43. 没关系，我们送你到地铁站吧。 （ ）

44. 快睡觉的时候，他突然想起明天没有早饭。 （ ）

45. 不好意思，忘记了，你帮我关一下吧。 （ ）

第 46—50 题

A 好长时间没爬山了，累了吧。

B 老了以后发现时间真多，但没什么事要做了。

C 她的汉语说得像中国人一样好。

D 8 岁以前我住在奶奶家里，她经常给我讲历史故事。

E 很多人认为这样的习惯不太好。

46. 年轻的时候觉得时间太少，要做的事太多。　　　　　（　　）

47. 我喜欢一边听音乐一边看书。　　　　　　　　　　（　　）

48. 是啊，又累又渴又饿，我们休息一会儿吧。　　　　（　　）

49. 谁也听不出她是外国人。　　　　　　　　　　　　（　　）

50. 所以我一直对历史很有兴趣。　　　　　　　　　　（　　）

第 二 部 分

第 51—55 题

　　　A 认为　　　B 厨房　　　C 电梯　　　D 跟　　　E 声音　　　F 口

例如：她说话的 （ **E** ） 多好听啊！

51. 我今天身体不太舒服，一（　　　　）饭也不想吃。

52. 我 （　　　　） 这件事不应该告诉她。

53. 小方在 （　　　　） 一位很有名的老师学画画儿。

54. （　　　　） 坏了，我是走上来的，真累啊。

55. 我们吃过了，饭菜在 （　　　　） 里，你热热再吃。

第 56—60 题

A 根据　　B 筷子　　C 双　　D 爱好　　E 照顾　　F 季节

例如：A：你有什么（ D ）?

　　　B：我喜欢体育。

56. A：你最喜欢哪个（　　　）?
　　B：春夏秋冬我都喜欢。

57. A：为什么不让我参加考试?
　　B：（　　　）学校的要求，十五次课没上就不能参加考试了。

58. A：你怎么看起来这么累，工作很忙吗?
　　B：我妈妈住院了，我每天都要去（　　　）她。

59. A：你会用（　　　）吃饭吗?
　　B：会是会，但用得不好，以后要多练习。

60. A：你给我新买的这（　　　）鞋有点儿小，穿着脚疼。
　　B：是吗? 那我明天去换一双吧。

第 三 部 分

第 61—70 题

例如：您是来参加今天会议的吗？您来早了一点儿，现在才 8 点半。您先进来坐吧。

　　★ 会议最可能几点开始？

　　　　A 8 点　　　　　　　　**B** 8 点半　　　　　　　**C** 9 点　√

61. 你打扫了半天也累了，楼下的饭店换了新菜单，今天就别做饭了，下去吃吧。

　　★ 说话人希望：

　　　　A 换新菜单　　　　　　　**B** 去饭店吃　　　　　　**C** 打扫房间

62. 丈夫喜欢踢足球，也喜欢看足球比赛，每四年一次的世界杯足球比赛对他来说是最大的节日，这个时候他最爱的儿子也没有足球重要了。

　　★ 关于丈夫，可以知道：

　　　　A 足球踢得很好　　　　　**B** 不太喜欢儿子　　　　**C** 很喜欢看球赛

63. 他今年 11 岁了，每天回家第一件事是写作业，然后把饭做好等妈妈回来。妈妈工作很忙，身体也不太好，他早就学会了照顾妈妈。

　　★ 根据这段话，我们知道他：

　　　　A 身体不好　　　　　　　**B** 学习很忙　　　　　　**C** 会照顾人

64. 东西方文化有很多不同的地方。如果有人说："你的字写得真漂亮。"东方人一般会说："哪里，哪里。"但西方人会说："谢谢！"

　　★ 这段话中"哪里"是什么意思？

　　　　A 不漂亮　　　　　　　　**B** 不了解　　　　　　　**C** 不可以

65. 半年里我搬了三次家，因为只要邻居家有一点儿声音我就睡不着觉。最后一次搬家，邻居是一位老人，我对这个邻居非常满意，终于能睡好觉了。

★ 关于"我"，可以知道：

A 是位老人　　　　　B 喜欢安静　　　　　C 经常生气

66. 他送过我很多礼物，手机、电脑、手表、衣服、鞋子，但我最喜欢的就是这个黄色的包，它虽然已经有点儿旧了，但我一直用到现在。

★ "我"最喜欢的礼物是：

A 一个包　　　　　　B 一双鞋　　　　　　C 一块手表

67. 在学习或者工作中，我们会遇到很多不同的人，选择什么人做朋友对我们有很大的影响。跟好人在一起你会变得更好，跟不好的人在一起，可能你会变得跟他们一样。

★ 这段话告诉我们：

A 朋友越多越好　　　B 应该努力工作　　　C 选择朋友很重要

68. 在这个城市，街上有很多双层的旅游车，你只要花两块钱就可以坐上去看看这个漂亮得像花园一样的城市，每年都有十几万人来这里旅游。

★ 这个城市：

A 车很多　　　　　　B 很漂亮　　　　　　C 东西贵

69. 马休，中国有句老话说"车到山前必有路"，意思是车开到了山的前面一定会有路走，你相信我，这件事也一定会有解决的办法的。

★ "我"希望马休：

A 别着急　　　　　　B 学开车　　　　　　C 多走路

70. 那个公园离我家只有三百多米远，环境不错，有一条小河，河边有很多树，也有很多小鸟，草地很大，孩子们可以在那儿踢足球。

★ 关于那个公园，哪个是对的？

A 离"我"家很近　　B 有个足球场　　　　C 环境不太好

三、书 写

第 一 部 分

第 71—75 题

例如：小船　　上　　一　　河　　条　　有

　　　　<u>河上有一条小船。</u>

71. 完成　　明天　　能　　一定

72. 别　　机票　　你　　先　　买

73. 玩儿　　弟弟　　爱　　特别　　游戏

74. 忘记了　　他　　几乎　　这个人

75. 借　　字典　　我的　　走　　了　　朋友　　被

第 二 部 分

第 76—80 题

例如：没（关^{guān}）系，别难过，高兴点儿。

76. 她这样说表（^{shì}）不欢迎你，你还不走？

77. 就这么决定了，如果（^{chū}）现问题我来解决。

78. 这是一件多（^{me}）让人高兴的事啊！

79. 我等了两个小时，他终（^{yú}）来了。

80. 他对中国文化很感兴趣，想多（^{liǎo}）解一些。

정답 및 듣기 대본

HSK (三级) 全真模拟试题 (第1套) 答案

一、听 力

第 一 部 分

1. C	2. F	3. A	4. E	5. B
6. C	7. D	8. B	9. A	10. E

第 二 部 分

11. ×	12. √	13. ×	14. √	15. ×
16. ×	17. √	18. √	19. ×	20. ×

第 三 部 分

21. C	22. B	23. C	24. C	25. A
26. C	27. B	28. A	29. C	30. B

第 四 部 分

31. C	32. B	33. B	34. A	35. C
36. B	37. C	38. A	39. B	40. C

二、阅 读

第 一 部 分

41. C	42. F	43. A	44. B	45. D
46. C	47. E	48. A	49. B	50. D

第 二 部 分

51. D	52. C	53. F	54. A	55. B
56. E	57. A	58. F	59. B	60. C

61. C   62. C   63. B   64. B   65. A

66. B   67. C   68. A   69. B   70. C

三、书 写

第 一 部 分

71. 她的成绩一直很好。

72. 你别去打球了。

73. 他吃得多快啊！

74. 他终于把衣服洗干净了。

75. 从这儿到公司有多远？/从公司到这儿有多远？

第 二 部 分

76. 年

77. 位

78. 高

79. 用

80. 月

HSK（三级）全真模拟试题（第2套）答案

一、听　力

第 一 部 分

1. C　　2. B　　3. F　　4. A　　5. E
6. E　　7. B　　8. A　　9. C　　10. D

第 二 部 分

11. ✓　　12. ✕　　13. ✓　　14. ✓　　15. ✓
16. ✕　　17. ✕　　18. ✓　　19. ✕　　20. ✕

第 三 部 分

21. C　　22. B　　23. A　　24. B　　25. A
26. B　　27. B　　28. B　　29. B　　30. A

第 四 部 分

31. C　　32. C　　33. C　　34. C　　35. B
36. B　　37. C　　38. A　　39. A　　40. C

二、阅　读

第 一 部 分

41. F　　42. A　　43. B　　44. D　　45. C
46. D　　47. C　　48. E　　49. B　　50. A

第 二 部 分

51. F　　52. B　　53. A　　54. D　　55. C
56. A　　57. F　　58. E　　59. B　　60. C

| 61. C | 62. B | 63. A | 64. B | 65. C |
| 66. C | 67. B | 68. A | 69. B | 70. C |

三、书 写

第 一 部 分

71. 现在已经快十点了。

72. 你们宾馆有多少房间？

73. 我忘了带护照。

74. 你把空调打开吧。

75. 桌子上坐着一只可爱的小猫。

第 二 部 分

76. 门

77. 友

78. 手

79. 双

80. 乐

HSK（三级）全真模拟试题（第 3 套）答案

一、听 力

第 一 部 分

1. C	2. B	3. E	4. A	5. F
6. C	7. D	8. A	9. E	10. B

第 二 部 分

11. ×	12. ×	13. √	14. √	15. √
16. ×	17. √	18. √	19. ×	20. ×

第 三 部 分

21. B	22. C	23. C	24. B	25. A
26. A	27. A	28. B	29. C	30. B

第 四 部 分

31. C	32. C	33. B	34. A	35. C
36. C	37. A	38. A	39. A	40. C

二、阅 读

第 一 部 分

41. F	42. A	43. D	44. C	45. B
46. B	47. D	48. E	49. C	50. A

第 二 部 分

51. B	52. D	53. F	54. A	55. C
56. C	57. B	58. E	59. F	60. A

61. B   62. C   63. B   64. B   65. C
66. A   67. C   68. C   69. A   70. C

三、书 写

第 一 部 分

71. 我们一起去吧。

72. 你写完了没有？

73. 你的歌唱得真好听。

74. 我们必须想个好办法。

75. 小红叫我明天去她家玩儿。

第 二 部 分

76. 市

77. 电

78. 目

79. 单

80. 发

HSK（三级）全真模拟试题（第4套）答案

一、听　力

第 一 部 分

1. F　　　2. A　　　3. B　　　4. E　　　5. C
6. B　　　7. A　　　8. C　　　9. E　　　10. D

第 二 部 分

11. √　　　12. √　　　13. ×　　　14. √　　　15. ×
16. ×　　　17. ×　　　18. √　　　19. √　　　20. ×

第 三 部 分

21. A　　　22. B　　　23. C　　　24. C　　　25. B
26. C　　　27. B　　　28. A　　　29. C　　　30. B

第 四 部 分

31. C　　　32. C　　　33. A　　　34. C　　　35. B
36. C　　　37. C　　　38. A　　　39. A　　　40. C

二、阅　读

第 一 部 分

41. B　　　42. C　　　43. F　　　44. D　　　45. A
46. D　　　47. B　　　48. C　　　49. E　　　50. A

第 二 部 分

51. A　　　52. D　　　53. B　　　54. F　　　55. C
56. A　　　57. E　　　58. C　　　59. F　　　60. B

61. B   62. C   63. B   64. B   65. C
66. B   67. B   68. A   69. A   70. B

三、书 写

第 一 部 分

71. 他睡了一会儿。
72. 那个杯子是我的。/那个是我的杯子。
73. 你们学校有多少个学生？
74. 他站在教室的中间。
75. 我也有一件白色的衣服。/白色的衣服我也有一件。

第 二 部 分

76. 网
77. 市
78. 兴
79. 块
80. 冬

HSK（三级）全真模拟试题（第5套）答案

一、听　力

第 一 部 分

1. C	2. A	3. B	4. E	5. F
6. A	7. C	8. E	9. D	10. B

第 二 部 分

11. ×	12. √	13. √	14. ×	15. √
16. ×	17. √	18. ×	19. √	20. ×

第 三 部 分

21. A	22. C	23. A	24. B	25. C
26. C	27. A	28. B	29. B	30. C

第 四 部 分

31. A	32. B	33. C	34. A	35. A
36. C	37. B	38. C	39. B	40. B

二、阅　读

第 一 部 分

41. D	42. F	43. B	44. C	45. A
46. A	47. B	48. D	49. E	50. C

第 二 部 分

51. F	52. D	53. B	54. A	55. C
56. C	57. B	58. A	59. F	60. E

61. A 　　 62. B 　　 63. A 　　 64. B 　　 65. C

66. A 　　 67. C 　　 68. B 　　 69. A 　　 70. C

三、书　写

第 一 部 分

71. 我一般不喝啤酒。/一般我不喝啤酒。

72. 阿姨决定不去了。

73. 请别影响我学习。

74. 他被踢了一脚。/被他踢了一脚。

75. 这件事让姐姐特别难过。

第 二 部 分

76. 主

77. 心

78. 以

79. 名

80. 习

HSK（三级）全真模拟试题（第6套）答案

一、听 力

第 一 部 分

1. A   2. C   3. B   4. F   5. E
6. A   7. B   8. E   9. C   10. D

第 二 部 分

11. √   12. ×   13. ×   14. √   15. ×
16. ×   17. ×   18. ×   19. √   20. √

第 三 部 分

21. A   22. C   23. B   24. A   25. B
26. C   27. B   28. A   29. C   30. C

第 四 部 分

31. A   32. C   33. B   34. C   35. A
36. B   37. A   38. C   39. A   40. B

二、阅 读

第 一 部 分

41. F   42. C   43. A   44. B   45. D
46. E   47. B   48. D   49. C   50. A

第 二 部 分

51. D   52. B   53. F   54. A   55. C
56. B   57. F   58. A   59. C   60. E

61. B   62. A   63. C   64. A   65. C
66. A   67. B   68. A   69. C   70. C

三、书 写

第 一 部 分

71. 一般他在家吃饭。/他一般在家吃饭。

72. 我喜欢看历史故事。

73. 你敢跟我比赛吗?

74. 他奇怪地看着我。/我奇怪地看着他。

75. 我的成绩比他低两分。/他的成绩比我低两分。

第 二 部 分

76. 包

77. 东

78. 会

79. 可

80. 白

HSK（三级）全真模拟试题（第7套）答案

一、听 力

第 一 部 分

1. E	2. B	3. C	4. A	5. F
6. E	7. A	8. C	9. D	10. B

第 二 部 分

11. ×	12. √	13. ×	14. √	15. ×
16. √	17. √	18. ×	19. ×	20. √

第 三 部 分

21. A	22. C	23. A	24. B	25. C
26. A	27. B	28. C	29. B	30. C

第 四 部 分

31. A	32. B	33. A	34. A	35. B
36. C	37. B	38. C	39. A	40. C

二、阅 读

第 一 部 分

41. C	42. B	43. D	44. F	45. A
46. A	47. B	48. D	49. C	50. E

第 二 部 分

51. F	52. C	53. D	54. A	55. B
56. F	57. B	58. C	59. A	60. E

| 61. C | 62. A | 63. B | 64. C | 65. B |
| 66. C | 67. A | 68. B | 69. C | 70. A |

三、书 写

第 一 部 分

71. 他家里来客人了。/他家里来了客人。

72. 你把碗洗一下。

73. 经理是不会同意的。

74. 孩子还不会用筷子呢。

75. 我跟他有相同的爱好。/他跟我有相同的爱好。

第 二 部 分

76. 草

77. 比

78. 角

79. 办

80. 里

HSK（三级）全真模拟试题（第8套）答案

一、听 力

第 一 部 分

1. C	2. B	3. A	4. F	5. E
6. B	7. D	8. C	9. A	10. E

第 二 部 分

11. ×	12. √	13. ×	14. √	15. √
16. ×	17. ×	18. √	19. ×	20. ×

第 三 部 分

21. A	22. B	23. C	24. B	25. A
26. C	27. A	28. C	29. B	30. C

第 四 部 分

31. C	32. B	33. A	34. B	35. C
36. B	37. C	38. A	39. C	40. B

二、阅 读

第 一 部 分

41. B	42. C	43. A	44. F	45. D
46. B	47. E	48. A	49. C	50. D

第 二 部 分

51. F	52. A	53. D	54. C	55. B
56. F	57. A	58. E	59. B	60. C

第 三 部 分

61. B	62. C	63. C	64. A	65. B
66. A	67. C	68. B	69. A	70. A

三、书 写

第 一 部 分

71. 明天一定能完成。

72. 你先别买机票。/机票你先别买。

73. 弟弟特别爱玩儿游戏。

74. 他几乎忘记了这个人。/这个人几乎忘记了他。/这个人他几乎忘记了。

75. 我的字典被朋友借走了。/字典被我的朋友借走了。

第 二 部 分

76. 示

77. 出

78. 么

79. 于

80. 了

HSK（三级）全真模拟试题（第1套）听力材料

（音乐，30秒，渐弱）

大家好！欢迎参加 HSK（三级）考试。
大家好！欢迎参加 HSK（三级）考试。
大家好！欢迎参加 HSK（三级）考试。

HSK（三级）听力考试分四部分，共 40 题。
请大家注意，听力考试现在开始。

第 一 部 分

一共 10 个题，每题听两次。

例如：男：喂，请问张经理在吗？
　　　　女：他正在开会，您半个小时以后再打，好吗？

现在开始第 1 到 5 题：

1. 男：那条裙子看起来不错。
　　女：是这条吗？我也觉得很好看。

2. 女：菜放冰箱里了，你别忘记吃啊。
　　男：你还是拿出来吧，这个天菜放在外面不会坏。

3. 男：我的照相机坏了，能借你的用用吗？
　　女：没问题，但是你周末前一定要还给我。

4. 女：下雪了你还出来锻炼身体？
　　男：这已经是我的习惯了，不锻炼我还不舒服。

5. 男：别难过了，不就一年时间吗？快上去吧，火车要开了。
　　女：记得来看我啊，还有，每周都要给我写电子邮件！

现在开始第6到10题：

6. 女：最近忙吗？小成搬家了，叫我们去玩儿。
   男：好啊，你问清楚时间，我过会儿再打电话给你。

7. 女：你为什么选择网上考试呢？
   男：因为我觉得网上考试更容易，还有网上考试更方便。

8. 女：我习惯一边看书一边听音乐。
   男：我不习惯。我每次只能做一件事。

9. 男：还有多远啊？我累了！
   女：这才爬了几分钟啊！喝点儿水，休息一下吧。

10. 女：护照的照片和一般的照片不一样。
    男：您的意思是说我这张照片不行？那我换一张吧。

第 二 部 分

一共10个题，每题听两次。

例如：为了让自己更健康，他每天都花一个小时去锻炼身体。
   ★ 他希望自己很健康。

今天我想早点儿回家。看了看手表，才5点。过了一会儿再看表，还是5点，我这才发现我的手表不走了。
   ★ 那块儿手表不是他的。

现在开始第11题：

11. 我有很多的爱好，除了打篮球、踢足球，像唱歌、跳舞、画画儿我也都喜欢。
    ★ "我"不喜欢踢足球。

12. 她以前就是个很安静的人，工作以后，可能因为天天坐在电脑前面，她变得更安静了。
    ★ 她一直是个安静的人。

13. 没关系，有什么好担心的？孩子早晚是要离开我们的，我们现在应该多给他机会锻炼锻炼，这才是真的爱他。
    ★ 他们不关心自己的孩子。

14. 虽然中国很多地方都有自己的地方话，但是如果你会说普通话，在中国旅游，就不用担心别人听不懂你说什么，因为大家都能听懂普通话。
    ★ 旅游时说普通话很有用。

15. 真是太好了，能在这儿遇到你。我还以为你回国了呢。这个周末你有空吗？到我家来坐坐吧，请你吃晚饭。
    ★ 他已经回国了。

16. 很多年轻人因为睡得晚，起得晚，几乎没什么时间吃早饭，或者早饭吃得很少。他们总是以为午饭多吃一点儿就行了，其实这是很不健康的习惯。
    ★ 午饭多吃点儿对身体好。

17. 我选择学新闻是因为我觉得新闻对人的影响很大，而且新闻每天都是新的，这样的工作很好玩儿。
    ★ "我"觉得新闻工作很有意思。

18. 他们一共只见了五次面，就决定结婚了。到现在十年过去了，他们的关系还是像刚见面时一样好。
    ★ 他们结婚十年了。

19. 我们家附近有个小饭店菜做得不错，也挺便宜的，所以去的人很多。
    ★ 小饭店离我们家很远。

20. 客人马上就来了，先把空调打开吧。对了，你再去买个西瓜，快点儿回来啊。
    ★ 客人买了个西瓜。

第 三 部 分

一共 10 个题，每题听两次。

例如：男：小王，帮我开一下门，好吗？谢谢！

女：没问题。您去超市了？买了这么多东西。

问：男的想让小王做什么？

现在开始第 21 题：

21. 女：早上就吃了一个面包，现在真饿啊。

男：再等一会儿吧，会议马上就结束了。

问：他们现在在做什么？

22. 男：一件衬衫要五百啊，太贵了！

女：最后一件了，便宜一点儿给你，四百二，想要就拿走！

问：这件衬衫多少钱？

23. 女：我记得以前那儿都是卖菜的，怎么现在变成花园了？

男：这几年北京的变化很大，我带你好好儿看看。

问：男的是什么意思？

24. 男：这雨越下越大，你没带伞，我开车送你回去吧。

女：没关系，我家离公司不远，过会儿雨小了，我走回去。

问：他们最可能在哪儿？

25. 女：又是体育节目？你换点儿别的节目看吧，像新闻、历史节目都不错。

男：有什么节目比体育节目更好呢？

问：男的最喜欢看什么节目？

26. 男：张老师，您怎么在这儿啊？
　　女：您是月月的爸爸吧？我刚搬到这里来，以后我们就是邻居了。
　　问：他们是什么关系？

27. 女：我给你买的帽子你还满意吗？听说今年冬天会比较冷。
　　男：我很喜欢，这是我收到的最好的生日礼物！
　　问：女的为什么给男的买帽子？

28. 男：对不起，对不起，我又迟到了。
　　女：没关系，电影七点才开始，还有五分钟呢。
　　问：现在几点了？

29. 女：现在是上下班时间，你要开车去吗？
　　男：当然是坐地铁去，又快又方便。
　　问：男的打算怎么去？

30. 男：一共才二十几个字，你写错了一半，你复习了没有？
　　女：我是想复习的，可最近别的课也要复习，我就忘了。
　　问：女的为什么写错了？

第 四 部 分

一共 10 个题，每题听两次。

例如：女：晚饭做好了，准备吃饭了。
　　　男：等一会儿，比赛还有三分钟就结束了。
　　　女：快点儿吧，菜冷了就不好吃了。
　　　男：你先吃，我马上就看完了。
　　　问：男的在做什么？

现在开始第 31 题：

31. 男：我去火车站接老王他们了。
　　女：快去吧，别让他们等。

男：你把家里再打扫一下吧。

女：放心吧，开车注意点儿。

问：男的要做什么？

32. 女：这儿的环境真不错。

男：是啊，盘子也很特别。

女：就是不知道菜好不好吃。

男：我也是第一次来，吃吃看吧。

问：他们现在在什么地方？

33. 男：时间过得真快，都二十年没见了。

女：看看这些照片，想想大学那会儿我们多年轻啊。

男：你看上去没什么变化，还是那样年轻！

女：别笑我了！孩子都上大学了，我还能不老吗？

问：他们是什么关系？

34. 女：这双蓝色的怎么样？

男：颜色不错，但可能有点儿大。

女：你穿上我看看。

男：我说吧，大一点儿。再看看别的吧。

问：他们在买什么？

35. 男：还在难过呢？

女：是啊，一想到再也见不到奶奶了，我就想哭。

男：你奶奶一定不愿意看到你这样。

女：你说得对，我一定要过得更好，让奶奶放心。

问：女的怎么了？

36. 女：你是怎么来的？

男：我先坐汽车，然后坐船，路上时间太长了。

女：你知道吗？现在有火车到我们这儿了，只要四个小时。

男：是吗？那我下次来坐火车。

女：对啊，火车票也不贵。

问：男的下次打算坐什么来？

37. 男：这件事的经过就是这样。

女：从你说的来看，我觉得你没错。

男：我也觉得自己没错，但是经理说客人都是对的。

女：我们找经理去，跟他把这件事情说清楚。

问：男的最可能是做什么的？

38. 女：怎么上不了网了？快帮我看看。

男：别着急，这个问题什么时候出现的？

女：好几天了，这几天经常突然上不了网，但过一会儿又好了。

男：奇怪，我来检查一下。

问：他们正在做什么？

39. 男：你们认识也有半年了，你了解他吗？

女：当然，他做什么事都特别认真，我最喜欢他这一点。

男：那你什么时候带他来见见我们？

女：您觉得这个星期天怎么样？

男：没问题，我和你妈都休息。

问：关于女的，可以知道什么？

40. 女：现在到几楼了？

男：八楼。

女：啊？才八楼，这电梯怎么这时候坏了呢？

男：我们很久没一起锻炼了，今天这个机会多么不容易啊。

女：别让我笑，一笑更爬不上去了。

问：他们为什么爬楼？

听力考试现在结束。

HSK（三级）全真模拟试题（第2套）听力材料

（音乐，30秒，渐弱）

大家好！欢迎参加 HSK（三级）考试。
大家好！欢迎参加 HSK（三级）考试。
大家好！欢迎参加 HSK（三级）考试。

HSK（三级）听力考试分四部分，共40题。
请大家注意，听力考试现在开始。

第 一 部 分

一共10个题，每题听两次。

例如：男：喂，请问张经理在吗？
　　　　女：他正在开会，您半个小时以后再打，好吗？

现在开始第1到5题：

1. 女：您怎么站着看电脑？
　　男：我最近胖了，站着看能瘦点儿。

2. 男：明天早上你吃什么？
　　女：这家的面包非常好吃，再买点儿牛奶就行了。

3. 女：好的，这个问题就这样解决吧。
　　男：行，您同意的话，那我们就开始做了。

4. 男：这儿离地铁太远，上班不方便。
　　女：但是附近有这么多绿树，环境多好啊！

5. 男：这辆车看上去很漂亮，我想骑一骑。
　　女：你自己能骑吗？要不要妈妈帮忙？

现在开始第 6 到 10 题：

6. 男：王总，今天早上的新闻您看了吗？
　　女：我正在看呢，我的车马上就到你们公司了。

7. 女：你看起来怎么这么累？
　　男：我也不知道怎么了，可能昨天睡得太晚了。

8. 男：老师已经把答案写在黑板上了，可是我还是不懂。
　　女：没关系，你可以去问老师。

9. 女：刚才天气还好好儿的，怎么现在刮大风了？
　　男：马上要下雨了，我们快回家吧。

10. 男：葡萄要不要？又新鲜又甜，八块钱一斤，超市卖十块钱呢。
　　女：我不喜欢吃葡萄，有别的水果吗？

第 二 部 分

一共 10 个题，每题听两次。

例如：为了让自己更健康，他每天都花一个小时去锻炼身体。
　　★ 他希望自己很健康。

　　今天我想早点儿回家。看了看手表，才 5 点。过了一会儿再看表，还是 5 点，我这才发现我的手表不走了。
　　★ 那块儿手表不是他的。

现在开始第 11 题：

11. 你还在火车上吧，现在这里下大雨呢，但不用担心，我会开车去火车站接你的。

    ★ "我"要去火车站接朋友。

12. 我们公司在二楼，一楼是一个大超市。你可以从超市旁边的那个门上楼。

    ★ 公司就在第一层。

13. 这种电脑现在三千块钱就能买到了，我记得两年前买的时候，要一万块呢！

    ★ 这种电脑比以前便宜了。

14. 这个房子真的很不错，特别是厨房很大，你这么喜欢做菜，厨房大一点儿做起菜来更方便。

    ★ 房子的厨房特别大。

15. 今年护照照片的要求跟以前不一样了，网上都有说明，非常方便，大家可以先上网看一下。

    ★ 护照照片的要求有了变化。

16. 我女儿很喜欢小动物，以前一直要我给她买只小狗，我没同意。今年她 7 岁生日的时候，我买了一只送给她。

    ★ "我"一直没给女儿买狗。

17. 从小到大，除了体育成绩，其他成绩我都不错。现在上了大学，我天天早上起来跑步，我一定要提高我的体育成绩。

    ★ "我"以前体育成绩最好。

18. 老师对学生的影响很大，如果老师很快乐，学生可能也比较快乐；如果老师很安静，学生可能也比较安静。所以老师应该注意自己做的事和说的话。

    ★ 老师会影响学生。

19. 对不起，刚才我到附近的体育馆去游泳了，没带手机。对了，你找我有什么事？

★ 刚才"我"带手机了。

20. 我爸爸70岁了，他很热情，喜欢帮助别人，每天都过得很快乐，大家都说他越来越年轻了！

★ "我"爸爸身体不好。

第 三 部 分

一共 10 个题，每题听两次。

例如：男：小王，帮我开一下门，好吗？谢谢！

女：没问题。您去超市了？买了这么多东西。

问：男的想让小王做什么？

现在开始第 21 题：

21. 女：医生，请问我孩子的眼睛怎么了？

男：他是不是很爱看电视？可能需要戴眼镜了。

问：女的孩子怎么了？

22. 男：关经理，大家都到会议室了，您什么时候去？

女：好的，我马上就去。对了，我的电脑有些问题，你帮我看看。

问：女的现在可能在哪儿？

23. 女：您在大学学的是历史吗？

男：不是，我只是对历史非常有兴趣，我大学学的是数学。

问：男的是学什么的？

24. 男：你最近怎么这么早就到公司了？

女：我女儿换了个学校，就在公司附近，我天天要早起送她。

问：女的为什么来得早？

25. 女：我们已经两个星期没去看你爸妈了，今天晚上去看看吧。
    男：晚上我可能有事，明天一起去吧。
    问：男的什么时候去看爸爸妈妈？

26. 男：今天你下班后我开车去接你吧。
    女：好啊，家里水果没了，我们一起去买点水果。
    问：女的下班后想做什么？

27. 女：你好！我房间的冰箱坏了，你能来看看吗？
    男：好的，我们马上叫人去看。
    问：他们最可能是什么关系？

28. 男：你最近怎么这么爱看有关日本的节目？
    女：下个月我要去日本旅游。
    问：女的下个月要做什么？

29. 女：你这张照片是什么时候照的？跟现在不一样啊。
    男：哪张？这张啊，这是我大学时候的照片，都十几年了。
    问：关于男的，可以知道什么？

30. 男：姐，这么多菜，真香啊，我先吃几口。
    女：你先去写作业，妈妈马上就下班了，等妈妈回来一起吃。
    问：菜是谁做的？

第 四 部 分

一共 10 个题，每题听两次。

例如：女：晚饭做好了，准备吃饭了。
      男：等一会儿，比赛还有三分钟就结束了。
      女：快点儿吧，菜冷了就不好吃了。
      男：你先吃，我马上就看完了。
      问：男的在做什么？

现在开始第 31 题：

31. 男：请问，哪一层有《每日早报》？
    女：在第二层，上楼向右走。
    男：还有一个问题，请问早报能借几天？
    女：对不起，报纸不能借出去，只能在这里看。
    问：他们很可能在哪儿？

32. 女：哥，这香蕉特别甜，你吃一根。
    男：不吃了，我已经刷牙了。
    女：那我自己吃了。
    男：吃完后别忘了刷牙！
    问：男的为什么不吃香蕉？

33. 男：现在几点了？
    女：三点五十，火车怎么还没到？
    男：车站的大叔说这班车是四点到，再等等吧。
    女：那你打手机问问爸爸，车到哪儿了。
    问：他们在等谁？

34. 女：这条好看是好看，就是太贵了！
    男：那我们问问看能不能便宜一点儿。
    女：不用了，我还是在网上买吧。
    男：网上不一定能买到，还是在这儿买吧。
    问：他们可能在买什么？

35. 男：这红色的是您的行李吗？
    女：对对，就是这个，上面有我的名字。
    男：那我们走吧，车子在外面等您呢。
    女：好的。
    问：那个行李箱是什么样的？

36. 女：你好，我去北方医院。
    男：好的。

女：请问从这儿到北方医院远吗？要多长时间？

男：不远，十五分钟就到了。

问：男的是做什么的？

37. 男：请问我现在可以进去了吗？

女：现在还不行，表演六点开始，五点半可以进去。

男：那你们附近有没有吃饭的地方？我吃点东西再来。

女：您向西走五分钟，就能看到很多小饭店。

问：表演什么时候开始？

38. 女：你儿子怎么这么高？

男：他经常运动，特别喜欢打篮球。

女：我儿子也喜欢打篮球啊，比你儿子矮多了。

男：你别着急啊，很多男孩儿都长得晚。

问：他们在谈什么？

39. 男：我们家也买辆车吧。

女：你怎么突然想买车了？

男：这样方便啊，我可以送你上班，周末一家人还能开车出去玩儿。

女：你想买什么样的车呢？

男：不用太大，家里用用就行。

问：关于男的，可以知道什么？

40. 女：你又在玩儿游戏，作业写完了吗？

男：写完了。

女：你自己检查过了吗？

男：都检查过了。妈，你放心吧！

问：男的在做什么？

听力考试现在结束。

HSK（三级）全真模拟试题（第 3 套）听力材料

（音乐，30 秒，渐弱）

大家好！欢迎参加 HSK（三级）考试。
大家好！欢迎参加 HSK（三级）考试。
大家好！欢迎参加 HSK（三级）考试。

HSK（三级）听力考试分四部分，共 40 题。
请大家注意，听力考试现在开始。

第 一 部 分

一共 10 个题，每题听两次。

例如：男：喂，请问张经理在吗？
　　　　女：他正在开会，您半个小时以后再打，好吗？

现在开始第 1 到 5 题：

1. 女：医生，请问我的身体怎么样？
　　男：我需要给你检查一下，请跟我来吧。

2. 男：工作了十几个小时，身体越来越疼！
　　女：别忙了，像我这样运动一下就舒服了。

3. 女：你想看什么节目？新闻节目吗？
　　男：现在在举行世界大学生运动会，看看体育新闻吧。

4. 男：欢迎来我们公司工作！
　　女：谢谢公司给我机会，我一定会努力的。

5. 男：这是你的新车吧？真漂亮。

女：结婚十年了，这是我丈夫送我的礼物。

现在开始第6到10题：

6. 男：喂，已经十一点了，你在哪儿？

女：对不起，我要晚一点儿到。

7. 女：你女儿会游泳吗？

男：她常去海边游泳，她在班里游泳成绩第一。

8. 男：小姐，这样你看可以吗？

女：前面再短一点儿吧，短一点儿舒服。

9. 女：这个游戏怎么玩儿啊？你快教教我。

男：别着急，你先看我玩儿，这个是向前，这个是向后。

10. 男：请问，下个月去北京的飞机哪天最便宜？

女：请等一下，我看看电脑。

第 二 部 分

一共10个题，每题听两次。

例如：为了让自己更健康，他每天都花一个小时去锻炼身体。

★ 他希望自己很健康。

今天我想早点儿回家。看了看手表，才5点。过了一会儿再看表，还是5点，我这才发现我的手表不走了。

★ 那块儿手表不是他的。

现在开始第 11 题：

11. 我一直以为自己学了五年汉语，很了解中国，到了中国以后我才发现，中国文化还有很多我不清楚的地方。
    ★ "我" 很了解中国文化。

12. 上星期我从图书馆借了两本书，今天收到图书馆的电子邮件，说时间快到了，我准备下午去还。
    ★ "我" 的书已经还了。

13. 儿子最近喜欢玩儿电脑游戏，一回家就坐在电脑前玩儿，眼睛玩儿坏了，还影响了学习。
    ★ 儿子学习越来越差。

14. 以前手机很贵，人们都不敢买手机。现在手机很便宜，人们换手机几乎就像换衣服一样快了。
    ★ 现在人们常换手机。

15. 外面刮大风了，可能要下雪。你出门的时候多穿点儿衣服，再带把伞。
    ★ 今天天气不太好。

16. 欢迎大家来到我们学校。下面先请校长讲话，然后我带大家在学校走一走，看一看。
    ★ 他们先看学校。

17. 有些人一感冒就开始吃药，其实，感冒刚开始的时候，不需要吃药，有时候药吃多了，感冒会更重。
    ★ 一感冒就吃药不好。

18. 行李都准备好了吗？不用带那么多东西，如果真的需要，到了旅游点再买，贵就贵点儿吧。
    ★ 旅游点的东西比较贵。

19. 虽然我妈七十多了，但是像年轻人一样，喜欢玩儿电脑、上网，还经常在网上买东西。

★ 妈妈不会用电脑。

20. 一年中四个季节，我最喜欢春天。虽然春天我住的地方常常刮风，但是花很多，什么颜色的都有，这让我觉得很快乐。

★ 春天"我"住的地方天气很好。

第 三 部 分

一共 10 个题，每题听两次。

例如：男：小王，帮我开一下门，好吗？谢谢！

女：没问题。您去超市了？买了这么多东西。

问：男的想让小王做什么？

现在开始第 21 题：

21. 女：你的汉语水平提高得真快啊！

男：是啊，我刚来的时候几乎一句话都不会说。

问：男的汉语水平怎么样？

22. 男：你怎么了？看起来很累。

女：为了完成那个工作，昨天很晚才睡。

问：女的怎么了？

23. 女：你这样一边听音乐一边看书，能记住吗？

男：妈，您放心吧，没问题。如果您不相信我，您考我一段。

问：他们可能是什么关系？

24. 男：我把办护照需要注意的问题都写在电子邮件里了。

女：好的，我现在就看。

问：女的现在要去做什么？

25. 女：奇怪，我的手机又找不到了。你看见了吗？
　　男：你一般不是放在那个包里吗？你在包里找找。
　　问：男的觉得手机在哪儿？

26. 男：这个周六你休息吗？一起去看电影吧。
　　女：最近医院特别忙，下周六吧。
　　问：女的最可能是做什么的？

27. 女：你看，这是我大学时的照片，我以前很瘦，现在变胖了。
　　男：你天天坐在电脑前，不出去运动，能不长胖吗？
　　问：关于女的，可以知道什么？

28. 男：这些苹果看起来真新鲜！
　　女：是啊，就是有点儿贵，还是买香蕉吧。
　　问：男的觉得苹果怎么样？

29. 女：对不起，我又迟到了，表演七点就已经开始了吧？
　　男：没关系，才开始十分钟，我们快进去吧。
　　问：现在几点？

30. 男：外面下雨了，你还是坐出租车去吧。
　　女：没关系，走到地铁站也就五分钟，坐地铁又快又方便。
　　问：女的准备怎么去？

第 四 部 分

一共 10 个题，每题听两次。

例如：女：晚饭做好了，准备吃饭了。
　　　男：等一会儿，比赛还有三分钟就结束了。
　　　女：快点儿吧，菜冷了就不好吃了。
　　　男：你先吃，我马上就看完了。
　　　问：男的在做什么？

31. 男：你最近是不是有什么高兴的事儿？
    女：为什么这么说？
    男：我发现你最近喜欢一边工作一边唱歌。
    女：你说对了，我儿子马上要从国外回来了。
    男：两年没见儿子了吧？这真是件高兴的事儿！
    问：女的为什么高兴？

32. 女：比赛几点开始？
    男：七点，现在已经五点了，我们要早点儿吃饭。
    女：我已经快做完了，就差一个菜了。
    男：别做了，到体育馆路上要一个小时呢。
    问：男的要去哪儿？

33. 男：小关，那本书你看了吗？
    女：看了，写得没你说的那么好，还是还你吧。
    男：你一定没看完，开始的时候我也觉得不怎么样。
    女：你这么说，那我一定要看完了。
    问：关于女的，可以知道什么？

34. 女：明天是晴天还是阴天？
    男：晴天，比今天冷。
    女：不会吧？现在是春天了，怎么还这么冷？
    男：现在全世界的天气都很奇怪。
    问：现在是什么季节？

35. 男：你准备了几双筷子？
    女：三双。
    男：再准备一双，小天说今天回家吃饭。我再去买个菜。
    女：那你快去吧，别买太甜的。
    问：他们要准备几双筷子？

36. 女：你感冒了？去看医生了吗？
    男：我自己吃了点药，但没什么作用。
    女：明天周六不上班，你还是去医院看看吧。
    男：周末医院人太多，我下星期一去吧。
    问：男的什么时候去医院？

37. 男：喂，请问小李在家吗？
    女：请问您找谁？
    男：我找小李，我是他公司同事。
    女：对不起，这儿没有姓李的人，您一定是打错了。
    问：关于男的，可以知道什么？

38. 女：我最怕旅游，换个环境我就睡不着。
    男：你听点儿安静的音乐吧。
    女：不行，这个办法对我一点儿用也没有。
    男：那也必须睡啊，明天要早起，还要爬一天的山呢。
    问：他们明天要做什么？

39. 男：你相信她说的话吗？
    女：她是我最好的朋友，我当然相信她。
    男：那你准备把钱借给她开公司了？
    女：是啊，你放心吧，她一年后一定会还给我们的。
    男：我觉得还是小心一点儿好。
    问：男的怎么样？

40. 女：这椅子真贵，颜色也有点儿奇怪。
    男：但是坐起来挺舒服的，您来坐坐。
    女：真的挺舒服的，能不能再便宜一点儿？
    男：这已经是最便宜的了，您可以跟别家比较一下。
    问：他们现在最可能在哪儿？

听力考试现在结束。

HSK（三级）全真模拟试题（第4套）听力材料

（音乐，30秒，渐弱）

大家好！欢迎参加 HSK（三级）考试。
大家好！欢迎参加 HSK（三级）考试。
大家好！欢迎参加 HSK（三级）考试。

HSK（三级）听力考试分四部分，共 40 题。
请大家注意，听力考试现在开始。

第 一 部 分

一共 10 个题，每题听两次。

例如：男：喂，请问张经理在吗？
　　　女：他正在开会，您半个小时以后再打，好吗？

现在开始第 1 到 5 题：

 1. 女：我希望能在你们公司工作。
　　男：我们会给你打电话的。

 2. 男：几年没回国，变化真大啊！
　　女：是啊，河更干净了，两边还有这么多高楼。

 3. 女：快看，大熊猫正在爬呢！
　　男：声音小点儿，它一害怕就跑了。

 4. 男：现在是不是快五点了？
　　女：都五点十五分了，比赛再过三分钟就开始了。

5. 女：外面天气这么好，我们一起去草地上看书吧。
　　男：可是我喜欢在房间里看书，我觉得很安静。

现在开始第 6 到 10 题：

6. 男：牙刷别忘了带！
　　女：已经准备好了，刷牙的杯子也有！

7. 女：这画上的小孩儿真可爱！
　　男：是啊，这让我想起我女儿小时候。

8. 男：你的行李重吗？我帮你拿。
　　女：谢谢你送我去车站。

9. 女：你一直看手机，是不是有什么事？
　　男：我女朋友一直不接电话，我有点儿担心。

10. 男：妈妈，那只小猫怎么在车下面啊？
　　女：它可能是太冷了吧。

第 二 部 分

一共 10 个题，每题听两次。

例如：为了让自己更健康，他每天都花一个小时去锻炼身体。
　　★ 他希望自己很健康。

　　今天我想早点儿回家。看了看手表，才 5 点。过了一会儿再看表，还是 5 点，我这才发现我的手表不走了。
　　★ 那块儿手表不是他的。

现在开始第 11 题：

11. 狗真是一种聪明的动物，和人在一起时间久了，你说什么它都懂，还能帮你做很多事。

    ★ "我"觉得狗很聪明。

12. 现在城市越来越大，房子也越来越贵，所以很多人到比较远的地方买房子。从上班的地方回家，路上可能要一个小时。

    ★ 房子越来越贵。

13. 我一直觉得老师和学生的关系应该像朋友一样，所以我常常告诉我的学生，我错了的时候，他们要敢说出来。

    ★ "我"对学生不太好。

14. 你姐姐马上就回来了，蛋糕准备好了没有？快把灯关了，等她一进门我们就开灯，唱《生日快乐歌》。

    ★ 今天是姐姐的生日。

15. 好机会可能只会出现一两次，机会出现前要做好准备，机会来的时候，才能用好它。

    ★ 机会出现后再做准备。

16. 这家咖啡店的环境真不错，外面有一个小花园，天气好的时候，可以坐在外面喝喝咖啡，听听音乐，跟朋友说说话。

    ★ 这家咖啡店在公园里。

17. 把电视声音关小一点儿，你弟弟明天有考试，别影响他，让他好好儿复习。

    ★ 弟弟正在看电视呢。

18. 我妻子最近喜欢跟着电视学做菜。我有时很高兴，因为吃到了很多不一样的菜；有时不太高兴，有的菜真不好吃，但是我还得说好吃。

    ★ "我"妻子最近爱学做菜。

19. 看地图，体育馆在图书馆的东边，但是我刚才问了几个人，他们都说体育馆早就搬了。

★ 这是一张旧地图。

20. 蓝色会让人觉得比较快乐，白色会让人觉得安静。所以在难过的时候，可以多看看蓝色的东西，那样会高兴一点儿。

★ 白色让人觉得很快乐。

第 三 部 分

一共 10 个题，每题听两次。

例如：男：小王，帮我开一下门，好吗？谢谢！

女：没问题。您去超市了？买了这么多东西。

问：男的想让小王做什么？

现在开始第 21 题：

21. 女：你听说了吗？小红要去别的公司了。

男：这不是什么新闻了。

问：男的是什么意思？

22. 男：写累了吧？休息一会儿，喝口茶吧。

女：最近忙着写东西，跟你说话的时间也少了，别生我的气啊。

问：男的对女的怎么样？

23. 女：你看，这条裤子没洗干净，上面还有果汁。

男：让我看看，真对不起。

问：他们可能在哪儿？

24. 男：我以为这次考试很难呢。

女：是很难啊，你觉得不难是因为你这次准备得很认真。

问：关于男的，可以知道什么？

25. 女：老王，我的手机是不是在厨房的桌子上？
　　男：对啊，你着急要吗？我现在给你送到公司去吧。
　　问：女的让男的做什么？

26. 男：我记得故事书可以借两个月吧。
　　女：是的，如果看不完，还可以再借一个月。
　　问：故事书最多可以借多长时间？

27. 女：总是吃米饭，今天换换，我做面条儿给你们吃。
　　男：太好了，妈，您做的鸡蛋面是世界上最好吃的面！
　　问：他们今天吃什么？

28. 男：请问您二位要喝点儿什么？我们有新鲜的果汁。
　　女：果汁都太甜了，来两杯茶吧，夏天喝茶舒服。
　　问：女的觉得喝果汁怎么样？

29. 女：我觉得你应该选择学习音乐，你唱歌唱得真好。
　　男：但是我对数学更有兴趣。
　　问：男的是什么意思？

30. 男：山上路不好走，我们最好带上运动鞋。
　　女：你还没看报纸吧，报纸上说明天有大雨，不要去爬山了。
　　问：女的为什么说不要去爬山？

第四部分

一共 10 个题，每题听两次。

例如：女：晚饭做好了，准备吃饭了。
　　　男：等一会儿，比赛还有三分钟就结束了。
　　　女：快点儿吧，菜冷了就不好吃了。
　　　男：你先吃，我马上就看完了。
　　　问：男的在做什么？

现在开始第 31 题：

31. 男：昨天的游泳比赛你看了吗？
    女：什么比赛？
    男：大学生运动会的游泳比赛，你没看吗？
    女：我哪有时间啊，昨天我儿子发烧了，哭了一个晚上。
    问：昨天晚上女的怎么了？

32. 女：先生，能帮我把行李放上去吗？
    男：没问题！您看放那儿行吗？
    女：那个地方太小了，放不下，左边可能大点儿。
    男：行，过会儿到站我再帮您拿下来。
    问：女的请男的做什么？

33. 男：真奇怪，你怎么在车站看书呢？
    女：我在等我男朋友呢，他还没来。
    男：我刚才在图书馆前面看见他了。
    女：那应该快了。
    问：女的现在在哪儿？

34. 女：您年轻的时候去过很多国家吧？
    男：是的，一共六十多个国家。
    女：那您给我们讲讲，您为什么去了那么多国家？
    男：每个国家的文化都不一样，我想多了解了解。
    问：男的为什么去这些国家？

35. 男：这几张照片你选一张自己满意的。
    女：为什么选照片啊？
    男：要放在报纸上。
    女：就这张吧，穿白裙子的。
    问：他们在选什么？

36. 女：喂，下了班我去接你吧。
    男：不用了，下午不开会了，我上完课就回去了。
    女：那今天你做饭吧。
    男：好啊，你想吃什么？我来做。
    问：男的可能是做什么的？

37. 男：你最近是不是经常不吃早饭啊？
    女：是不是我比以前瘦了？
    男：没觉得你瘦了，就是觉得你脸色不太好。
    女：是吗？我也觉得最近特别累。
    男：早饭要吃好。你这样对身体不好。
    问：女的看上去怎么样？

38. 女：天天下雨，还这么热，睡都睡不好。
    男：你是北方人，还不习惯这样的天气，我已经习惯了。
    女：我还要在这儿学习四年，想想都害怕。
    男：别担心，你慢慢儿会习惯的。
    问：关于女的，可以知道什么？

39. 男：终于完成了！
    女：你怎么花了这么长时间？
    男：早上我写到一半的时候电脑突然坏了，所以刚刚才写好。
    女：我们现在真是离不开电脑啊。
    问：男的刚才在做什么？

40. 女：你什么时候来北京？
    男：下个星期，飞机票买好了。
    女：想去哪儿？姐带你去看看。
    男：我主要是去开会，玩儿的时间不多，到你家看看就行了。
    问：男的为什么来北京？

听力考试现在结束。

HSK（三级）全真模拟试题（第 5 套）听力材料

(音乐，30 秒，渐弱)

大家好！欢迎参加 HSK（三级）考试。
大家好！欢迎参加 HSK（三级）考试。
大家好！欢迎参加 HSK（三级）考试。

HSK（三级）听力考试分四部分，共 40 题。
请大家注意，听力考试现在开始。

第 一 部 分

一共 10 个题，每题听两次。

例如：男：喂，请问张经理在吗？
　　　　女：他正在开会，您半个小时以后再打，好吗？

现在开始第 1 到 5 题：

1. 女：行李箱里都放不下了，我还是少带两件衣服吧。
　　男：你还是把鞋拿出来一双更好。

2. 男：你怎么回家？要不要我送你？
　　女：谢谢，不用了，我妈马上开车来接我。

3. 女：你骑马不害怕吗？
　　男：开始的时候不太敢，骑了一会儿就不怕了。

4. 男：你喝什么？水还是果汁？
　　女：我不太想喝水和果汁，给我一杯茶，可以吗？

5. 女：我又胖了，这条裤子穿不下了，怎么办啊？
   男：别担心，你现在每天都吃得很少，很快就会瘦的。

现在开始第6到10题：

6. 男：昨天的表演你参加了吗？
   女：没有，我最近腿有点儿疼，不能跳舞。

7. 男：您好，请问几位？
   女：我们有四个人，请把菜单给我们。

8. 男：你的爱好是什么？
   女：读书、听音乐、上网、打球，我特别喜欢一边上网一边听音乐。

9. 女：你经常坐地铁上班吗？
   男：地铁很方便，可是我家旁边没有地铁，我只好坐公共汽车。

10. 男：孩子怎么一直哭啊？是不是不舒服了？
    女：他可能饿了，给他喝点儿奶吧。

第 二 部 分

一共 10 个题，每题听两次。

例如：为了让自己更健康，他每天都花一个小时去锻炼身体。
   ★ 他希望自己很健康。

   今天我想早点儿回家。看了看手表，才5点。过了一会儿再看表，还是 5 点，我这才发现我的手表不走了。
   ★ 那块儿手表不是他的。

现在开始第 11 题：

11. 外面很冷吧，你看你鼻子、耳朵都红了，快进来，房间里开着空调呢。
    ★ 房间里也很冷。

12. 几乎每个孩子都喜欢吃蛋糕，因为它很甜，但是蛋糕吃得太多，对身体不好。
    ★ 孩子不能吃太多蛋糕。

13. 每天开电脑后，我都要先看看有没有朋友或同事给我写电子邮件，电子邮件又快又方便，现在我很少写信了。
    ★ "我"喜欢用电子邮件。

14. 他以前汉语说得很差，找了一个中国女朋友以后，他的汉语水平提高了很多，对中国文化也有了一些了解。
    ★ 他对中国文化很有兴趣。

15. 春、夏、秋、冬四个季节，我最爱春天。春天时，小草绿了，花也开了，使人觉得很有希望。
    ★ "我"最喜欢春天。

16. 医生说不要等渴的时候才喝水，特别是在很热的夏天，多喝水很重要。
    ★ 只有夏天才应该多喝水。

17. 去一个城市玩儿的时候，我总是会先买一张地图，这样可以让我更快地认识这个地方。
    ★ 地图对"我"有帮助。

18. 我们学校的图书馆很大，也很安静，每个人都在认真看书，我喜欢这样的学习环境。
    ★ "我"每天都在图书馆学习。

19. 新搬来的邻居是个很可爱的女孩儿，我经常去她家借东西，找机会跟她说话。
    ★ "我"喜欢这个邻居。

20. 爷爷奶奶每天早上都去公园锻炼身体，然后回家吃早饭，吃完早饭他们去超市买东西或者在家打扫房间。

★ 爷爷奶奶身体很健康。

第 三 部 分

一共 10 个题，每题听两次。

例如：男：小王，帮我开一下门，好吗？谢谢！
　　　女：没问题。您去超市了？买了这么多东西。
　　　问：男的想让小王做什么？

现在开始第 21 题：

21. 女：儿子今天说出了很多新的词语和句子，真让人高兴。
　　男：看小孩儿学说话是一件很有意思的事。
　　问：他们的儿子可能多大？

22. 男：女儿想吃葡萄，厨房里的葡萄是洗过的吗？
　　女：刚才想着要洗的，忘记了，你洗一下吧。
　　问：女的让男的做什么？

23. 女：别忘了拿帽子，外面太阳很大。
　　男：好，爬山的时候最需要帽子了。
　　问：男的要去做什么？

24. 男：妈妈，我想吃一块儿糖。
　　女：你已经刷过牙要睡觉了，明天再吃吧。
　　问：男的为什么不能吃糖？

25. 女：经理为什么叫我？
　　男：她办公室的电脑出现了问题，让你去检查一下。
　　问：谁的电脑坏了？

26. 男：请问，这本汉语字典我可以借几天？

    女：一个星期，下星期五应该还回来。

    问：他们可能在哪儿？

27. 女：这门中国历史我为什么不能选？

    男：这是给二、三年级的学生开的课，你们低年级学生听不懂。

    问：女的可能读几年级？

28. 男：祝你生日快乐！这是送你的礼物。

    女：啊！这个包真漂亮，而且是我最喜欢的黄色。

    问：男的送了女的什么礼物？

29. 女：你找女朋友的要求是什么？

    男：漂亮不漂亮没关系，但一定要聪明。

    问：男的喜欢什么样的女孩儿？

30. 男：这个周末我们带文文去动物园看熊猫吧。

    女：好，星期六我有个会议必须参加，星期天去吧。

    问：他们打算什么时候去动物园？

第 四 部 分

一共 10 个题，每题听两次。

例如：女：晚饭做好了，准备吃饭了。

    男：等一会儿，比赛还有三分钟就结束了。

    女：快点儿吧，菜冷了就不好吃了。

    男：你先吃，我马上就看完了。

    问：男的在做什么？

现在开始第 31 题：

31. 男：刘老师，我有点儿发烧，可能感冒了，今天不去上课了。

    女：好的，你最好去看一下医生。

— 174 —

男：知道了，我让刘雪把昨天的作业带给您。

女：好，你多喝点儿水，好好儿休息。

问：男的为什么不去上课？

32. 女：我们三点半从家走可以吧？

男：还是三点吧，今天是周末，路上车多。

女：机票、钱都带好了吧？还有护照。

男：放心，都带上了。

问：他们要去哪儿？

33. 男：妈，你快下去吧，火车马上要开了。

女：好，我走了，你多注意身体。

男：我会照顾好自己的。

女：记得多给家里打电话。

问：关于男的，可以知道什么？

34. 女：您看这种怎么样？很漂亮，还能照相。

男：我耳朵不好，想要声音大一点儿的。

女：这个声音特别清楚，而且还能上网。

男：对我们老人来说，越简单越好，能打电话就可以。

问：他们在买什么？

35. 男：你家这个地方真好，附近有超市、医院和地铁，多方便。

女：其他都很满意，就是我们这个楼没电梯。

男：不坐电梯还能锻炼身体呢。

女：你说得也对。

问：女的对什么不满意？

36. 女：张叔叔，您开车多久了？

男：三十多年了，从18岁一直到现在。

女：一天八小时都在开车，多累啊！没想过换一个工作吗？

男：但是我除了开车什么都不会啊。

问：男的是做什么工作的？

37. 男：真没想到会在这儿遇到你。
　　女：是啊，已经十多年没见了。
　　男：但你一点变化都没有，跟大学时一样。
　　女：虽然我知道不是真话，但听了还是很高兴。
　　问：他们可能是什么关系？

38. 女：来，多吃点鱼，今天的鱼特别新鲜。
　　男：谢谢阿姨，我已经吃饱了。
　　女：你来北京后习惯吗？
　　男：吃的住的还可以，就是觉得天气太热了。
　　问：男的不习惯什么？

39. 男：你喜欢看什么样的电视节目？
　　女：我最喜欢看体育节目，特别是足球比赛。
　　男：我也是，新闻也比较喜欢。
　　女：下次有足球比赛一起看吧，人多了才有意思。
　　问：女的喜欢看什么节目？

40. 女：喂，已经七点一刻了，你怎么还没到啊？
　　男：电影不是还有十五分钟才开始吗？我马上就到。
　　女：我还没吃晚饭，你呢？
　　男：吃了一碗面条儿，我给你买了面包。
　　问：电影几点开始？

听力考试现在结束。

HSK（三级）全真模拟试题（第6套）听力材料

（音乐，30秒，渐弱）

大家好！欢迎参加 HSK（三级）考试。
大家好！欢迎参加 HSK（三级）考试。
大家好！欢迎参加 HSK（三级）考试。

HSK（三级）听力考试分四部分，共 40 题。
请大家注意，听力考试现在开始。

第 一 部 分

一共 10 个题，每题听两次。

例如：男：喂，请问张经理在吗？
　　　　女：他正在开会，您半个小时以后再打，好吗？

现在开始第 1 到 5 题：

1. 女：这是上次我们全家一起照的照片。
　　男：中间这个是你吗？不太像啊。

2. 男：妈妈，我饿了，有吃的吗？
　　女：饭马上就好，桌子上有面包和果汁，先吃点儿吧。

3. 女：爸爸，今天我帮妈妈做菜了。
　　男：是吗？我们的女儿长大了，能帮妈妈的忙了。

4. 男：厨房的灯怎么没关？
　　女：我刚才打扫厨房，忘记关了。

5. 女：我已经不发烧了，我的感冒好了。

男：医生说还需要再吃几次药，快吃吧。

现在开始第6到10题：

6. 男：今天这么热，你怎么骑自行车去了？

女：我每天都骑车，而且，我就喜欢这样的大晴天。

7. 女：爸爸，世界上有这么多国家啊。

男：对啊，每个国家都是不一样的，都有自己的历史和文化。

8. 男：我以前的女朋友就要跟别人结婚了。

女：别难过，会有更好的女孩儿爱上你的。

9. 女：我在超市买了点儿香蕉，很甜，吃吗？

男：看着很新鲜，给我一根吧。

10. 男：你怎么拿出来这么多双鞋？

女：我要去参加一个会议，你看我穿哪双好？

第 二 部 分

一共10个题，每题听两次。

例如：为了让自己更健康，他每天都花一个小时去锻炼身体。

★ 他希望自己很健康。

今天我想早点儿回家。看了看手表，才5点。过了一会儿再看表，还是5点，我这才发现我的手表不走了。

★ 那块儿手表不是他的。

现在开始第 11 题：

11. 我阿姨在一家宾馆上班，她帮客人打扫房间，除了星期天她每天都要工作。
    ★ 阿姨一个星期工作六天。

12. 记得儿子两岁时，第一次带他住宾馆，他在房间里东看看西看看，觉得什么都很奇怪，看见什么都很高兴。
    ★ 儿子不喜欢住宾馆。

13. 别站在这儿啊，快过去帮忙，那些书都搬到二层的办公室，再把楼上的旧书搬下来。
    ★ 他们正在搬家里的东西。

14. 虽然我很喜欢小狗，但是丈夫很害怕小狗，所以结婚后我就把小狗送给了喜欢动物的爷爷奶奶。
    ★ 爷爷奶奶喜欢小狗。

15. 妈妈，你别天天坐在家里看电视，附近公园里有很多老人在锻炼身体，你也去吧。
    ★ 妈妈经常锻炼。

16. 北方的春夏秋冬分得很清楚，我喜欢住在北方；南方很多城市，一年几乎只有一个季节。
    ★ "我"住在北方。

17. 我明白你这样做是关心我，为了我好，但我已经不是小孩儿了，我希望，而且也应该自己去解决问题。
    ★ "我"希望别人帮"我"解决问题。

18. 我在图书馆借了一本字典，今天必须还，但我下午要去机场接朋友，你帮我还一下，可以吗？
    ★ "我"请朋友帮"我"借一本字典。

19. 女儿今天在电视上看到了熊猫，觉得它胖胖的，长得很可爱，我决定明天带她去看真的熊猫。

★ 女儿喜欢熊猫。

20. 东东，我现在在地铁里，十五分钟以后才能到家，你能不能帮我把米洗干净，再把冰箱里的羊肉拿出来？

★ "我"还在回家的路上。

第 三 部 分

一共 10 个题，每题听两次。

例如：男：小王，帮我开一下门，好吗？谢谢！

女：没问题。您去超市了？买了这么多东西。

问：男的想让小王做什么？

现在开始第 21 题：

21. 女：这儿环境真好，有花、有树、有草，给我照张相吧。

男：照相机放车上了，没带下来。

问：男的是什么意思？

22. 男：我最近耳朵总是很疼，但没时间去医院。

女：还是去医院找小张给你检查一下吧，身体健康最重要。

问：小张可能是做什么的？

23. 女：六点半的火车，我们就在家简单吃点儿吧。

男：好的，吃面条儿吧，最快了。

问：他们吃了饭要去哪儿？

24. 男：你的脸红红的，是不是不舒服啊？

女：没有，中午跟同事喝了点儿啤酒。

问：女的为什么脸红？

25. 女：叔叔、阿姨，火车来了，你们回去吧。
　　男：路上注意，照顾好自己，到学校来个电话。
　　问：谁要回学校？

26. 男：妈妈，洗手间的灯坏了吗？
　　女：对，你一会儿洗澡的时候要小心点儿。
　　问：女的希望男的怎么样？

27. 女：会怎么还不结束？已经开了两个小时了。
　　男：是啊，都六点了，可能经理忘记要下班了。
　　问：会议是几点开始的？

28. 男：请你用这几个词语说一个句子。
　　女：这还不容易？你让我说一大段话都没问题。
　　问：女的觉得男的要求怎么样？

29. 女：你觉得飞飞会像他们说的那么做吗？
　　男：我认为我们应该相信孩子。
　　问：男的是什么意思？

30. 男：太好了，这个周末一共卖了7个空调。
　　女：我刚才又卖出去两个。
　　问：他们一共卖了多少个空调？

第四部分

一共 10 个题，每题听两次。

例如：女：晚饭做好了，准备吃饭了。
　　　男：等一会儿，比赛还有三分钟就结束了。
　　　女：快点儿吧，菜冷了就不好吃了。
　　　男：你先吃，我马上就看完了。
　　　问：男的在做什么？

现在开始第 31 题：

31. 男：祝你生日快乐！这个蛋糕是我送你的礼物。
    女：这是你做的蛋糕吗？
    男：对啊，我第一次做，担心会不好吃。
    女：一定很好吃，谢谢你。
    问：关于女的，可以知道什么？

32. 女：我 15 岁离开上海，到现在已经 50 年过去了。
    男：这么多年一直没回去过吗？
    女：没有。
    男：上海的变化大极了，您有机会一定要回去看看。
    问：女的多大年纪了？

33. 男：妈妈，我房间里的椅子有点儿矮了，坐着不舒服。
    女：是吗？我发现你最近长高了。
    男：给我换一个高点儿的椅子吧。
    女：好，明天我去商店买把新的。
    问：男的想要什么样的椅子？

34. 女：你看今天的月亮真大，真漂亮！
    男：今天是八月十五，是我们中国非常重要的一个节日。
    女：是吗？那在这个节日你们都做什么呢？
    男：和家人一起吃饭，看月亮。
    问：八月十五中国人会做什么？

35. 男：你儿子画画儿水平真不错，有人教他吗？
    女：没有人教，他喜欢画，所以经常画。
    男：看来，兴趣是最好的老师。
    女：是的，他不喜欢学数学，所以他的数学成绩啊，我一看就生气。
    问：关于女的儿子，哪个是对的？

36. 女：张校长，您好，好久不见！
　　男：好久不见，去上课吗？几楼？
　　女：八楼，您呢？
　　男：我去三楼开会，我到了，再见。
　　问：他们可能在哪儿？

37. 男：其实汉字没你们想的那么难。
　　女：你是中国人，当然这么说了。
　　男：你看这个字，女人的"女"表示意思，骑马的"马"表示读音。
　　女：真的很有意思啊。
　　问：男的说的是哪个汉字？

38. 女：你觉得蓝色的裙子和绿色的裙子哪条好？
　　男：我觉得你穿裤子和衬衫更漂亮。
　　女：但是，大家都会穿裙子的。
　　男：其他人都穿裙子，你才更应该穿裤子，简简单单多漂亮。
　　问：男的为什么让女的穿裤子？

39. 男：我今天不出去运动了，吃得太饱了。
　　女：吃太多对身体不好。
　　男：主要是你做饭水平越来越高了，我都不愿意放筷子了。
　　女：真的这么好吃啊？
　　问：男的今天不想做什么？

40. 女：我今天在街上遇到刘小如了。
　　男：真的吗？你们有十年没见面了吧？
　　女：是啊，但她还是像读大学时那样年轻漂亮。
　　男：周末请她到家里坐坐吧。
　　问：女的跟刘小如可能是什么关系？

听力考试现在结束。

HSK（三级）全真模拟试题（第7套）听力材料

（音乐，30秒，渐弱）

大家好！欢迎参加 HSK（三级）考试。
大家好！欢迎参加 HSK（三级）考试。
大家好！欢迎参加 HSK（三级）考试。

HSK（三级）听力考试分四部分，共40题。
请大家注意，听力考试现在开始。

第 一 部 分

一共10个题，每题听两次。

例如：男：喂，请问张经理在吗？
　　　女：他正在开会，您半个小时以后再打，好吗？

现在开始第1到5题：

1. 女：你觉得这件衬衫怎么样？
　 男：一般吧，没什么特别的地方。

2. 男：我们快点儿打扫吧，同学们就要到了。
　 女：好，大家看到教室变得这么干净，一定很高兴。

3. 女：太好了，我又瘦了。
　 男：瘦是瘦了，但你经常不吃晚饭身体能好吗？

4. 女：爸爸，你买的苹果真甜真好吃。
　 男：是吗？吃完以后不要忘记刷牙啊。

5. 男：孩子哪里不舒服？

　　女：她说最近肚子经常疼，您给她检查一下吧。

现在开始第6到10题：

6. 男：文文，快来帮个忙，帮我拿几个盘子。

　　女：好的，马上就来。

7. 女：爷爷，您刚才讲的那个故事真有意思。

　　男：那不是故事，是爷爷奶奶年轻的时候遇到的真事。

8. 男：我英语不好，你帮我看看这段话写得对不对？

　　女：这个句子有点儿问题，其他的都很好。

9. 女：我的眼镜呢？今天外面太热，我得带着。

　　男：它不就在你的包上面吗？

10. 男：我觉得你是世界上最可爱的女孩儿，你愿意跟我结婚吗？

　　女：太突然了，你能让我想想吗？

第 二 部 分

一共10个题，每题听两次。

例如：为了让自己更健康，他每天都花一个小时去锻炼身体。

　　★ 他希望自己很健康。

　　今天我想早点儿回家。看了看手表，才5点。过了一会儿再看表，还是5点，我这才发现我的手表不走了。

　　★ 那块儿手表不是他的。

现在开始第 11 题：

11. 他家的花园里有很多花儿，红的、黄的，最特别的是还有蓝色的花儿，邻居们没事都喜欢去他家喝茶、看花儿。
    ★ 他不喜欢颜色特别的花儿。

12. 我的自行车被朋友骑走了，而且路比较远，骑车太累，还是坐地铁去吧。
    ★ "我"决定坐地铁去。

13. 我每天都是差十分七点起床，看二十分钟新闻，然后洗澡吃早饭，早饭是果汁、面包和鸡蛋。
    ★ "我"早上七点十分起床。

14. 过去的事情就让它过去吧，我这个经理也有很多做得不好的地方，大家都要向前看，我相信只要我们一起努力，公司会越来越好的。
    ★ "我"是这个公司的经理。

15. 朋友告诉我，要想健康很简单，饭别吃得太饱，每天都运动，多笑笑少生气。
    ★ 朋友很健康。

16. 我习惯一边吃饭一边看书，上小学三年级的儿子像我一样喜欢边吃饭边看书。他的眼睛现在越来越差，对学习成绩有很大的影响。
    ★ 儿子有一个坏习惯。

17. 天热时开空调会使人觉得舒服，但不要 24 小时开着空调，因为这样可能会得一种"空调"病。
    ★ 空调不要开太长时间。

18. 刘校长，事情的经过就是这样，两个孩子都想先骑马，谁也不让谁，但没出什么大事，我已经解决了，您不用担心。
    ★ 刘校长喜欢骑马。

19. 上次爬山回来小张就感冒发烧了，病了很久。这次说什么也不敢去了，说是害怕再生病。其实如果她能经常锻炼锻炼，就不会那么容易生病了。

★ 小张经常爬山。

20. 我记得这个城市以前的环境很不好，刮风的时候，走在街上都看不清楚路，现在怎么变得这么干净这么漂亮？

★ 这个地方变化很大。

第 三 部 分

一共 10 个题，每题听两次。

例如：男：小王，帮我开一下门，好吗？谢谢！

女：没问题。您去超市了？买了这么多东西。

问：男的想让小王做什么？

现在开始第 21 题：

21. 女：怎么又看电视了？作业写完了吗？

男：妈妈，再看一会儿行吗？这是我最喜欢的节目了。

问：女的希望男的做什么？

22. 男：动物园附近没有吃饭的地方，买点儿面包带着吧。

女：放心，我已经在超市买好了。

问：他们准备去哪儿？

23. 女：你能把音乐的声音关小点儿吗？我在复习。

男：啊，对不起，我以为这儿只有我一个人呢。

问：下面哪个是对的？

24. 男：新鲜的葡萄便宜了，八块钱两斤。

女：给我来四斤吧。

问：葡萄多少钱一斤？

25. 女：您想要什么样的房间？
    男：我要一个双人间，最好安静一点儿的。
    问：女的可能是做什么工作的？

26. 男：你昨天给我买的裤子有点儿短。
    女：那我明天去给你换一条。
    问：男的想要什么样的裤子？

27. 女：我今天把桌子上那些不用的旧书都卖了。
    男：啊？那本绿色的书里有几张很重要的照片。
    问：男的现在心情怎么样？

28. 男：北方这个时候都下雪了，但是这儿还是像春天一样。
    女：所以啊，我们这儿也叫"春城"。
    问：现在是什么季节？

29. 女：请问洗手间在哪儿？
    男：这一层没有，要再上一层，三楼才有。
    问：他们现在在几楼？

30. 男：我最喜欢秋天了，天气不冷也不热，很舒服。
    女：我喜欢秋天是因为能吃到很多种水果。
    问：女的为什么喜欢秋天？

第四部分

一共 10 个题，每题听两次。

例如：女：晚饭做好了，准备吃饭了。
    男：等一会儿，比赛还有三分钟就结束了。
    女：快点儿吧，菜冷了就不好吃了。
    男：你先吃，我马上就看完了。
    问：男的在做什么？

现在开始第 31 题：

31. 男：王真写的那本书你还了没有？
    女：还没，我打算下午去图书馆。
    男：我想看一下，明天我去还，可以吗？
    女：当然可以了。
    问：谁会去还书？

32. 女：小刚，你脸上白的是什么？
    男：妈妈，我给你做了面条儿。
    女：啊！你自己做的吗？
    男：是的，妈妈，祝你生日快乐！
    问：男的为什么做面条儿？

33. 男：你走路都分不清东西南北，怎么开车呢？
    女：这有什么奇怪的？我有电子地图啊。
    男：如果有变化，地图能知道吗？
    女：没问题，可以上网下新的地图。
    问：关于女的可以知道什么？

34. 女：这么晚了，你还出去啊？
    男：接到老李的电话，有个病人出了一些问题。
    女：那你快去吧。
    男：你先睡吧，别等我了。
    问：男的可能是做什么的？

35. 男：刘阿姨好！
    女：是东东啊，好久不见，长这么高了。
    男：阿姨，王叔叔在家吗？
    女：在，别站着啊，快进来坐。
    问：关于男的可以知道什么？

36. 女：我记得你上学时是班里普通话最差的一个。
　　男：现在不一样了吧？
　　女：是啊，现在说得特别好。
　　男：听你这么说真高兴。
　　问：男的普通话说得怎么样？

37. 男：天黑了，怎么不开灯呢？
　　女：正想着晚上吃什么呢，忘了开了。
　　男：除了面条儿，你做什么我都爱吃。
　　女：好，先去洗个澡吧，半小时后吃饭。
　　问：男的不喜欢吃什么？

38. 女：我们也买车吧，几万块钱就能买一辆了。
　　男：不是钱的问题，坐地铁比自己开车更方便啊。
　　女：但很多地方地铁都不到啊。
　　男：马上就有几条新开的地铁了，哪儿都能去。
　　问：男的为什么不想买车？

39. 男：要带两个行李箱啊？
　　女：东西很多，鞋、帽子、电脑、照相机什么的都要带。
　　男：又不是去工作，带电脑干什么？
　　女：白天玩儿，晚上可以在宾馆打游戏啊。
　　问：他们要去做什么？

40. 女：你第一次离家这么远去学习，在外面要多小心。
　　男：妈，你也要照顾好自己。
　　女：护照和机票都放好了吗？
　　男：放好了，您回去吧，我进去了。
　　问：他们可能在哪儿？

听力考试现在结束。

HSK（三级）全真模拟试题（第 8 套）听力材料

（音乐，30 秒，渐弱）

大家好！欢迎参加 HSK（三级）考试。
大家好！欢迎参加 HSK（三级）考试。
大家好！欢迎参加 HSK（三级）考试。

HSK（三级）听力考试分四部分，共 40 题。
请大家注意，听力考试现在开始。

第 一 部 分

一共 10 个题，每题听两次。

例如：男：喂，请问张经理在吗？

女：他正在开会，您半个小时以后再打，好吗？

现在开始第 1 到 5 题：

1. 女：我吃面包，喝果汁，你呢？
   男：给我一杯咖啡吧。

2. 男：大熊猫是我最喜欢的动物了。
   女：我也觉得熊猫胖胖的，很可爱。

3. 女：祝你生日快乐！这是我送你的礼物。
   男：谢谢你记得我的生日。

4. 男：不知道你喜欢什么水果，我就每种都买了一些。
   女：我最喜欢吃香蕉和葡萄。

5. 女：我新买的帽子怎么样？
   男：还可以，如果你是短头发可能会更好。

现在开始第 6 到 10 题：

6. 男：我的护照找到了吗？
   女：找到了，放在你的行李箱上面了。

7. 女：医生，我最近经常牙疼，特别是刷牙的时候。
   男：好，我先给你检查一下。

8. 男：你骑马骑得真好，能教教我吗？
   女：没问题，其实骑马很容易的。

9. 女：我把那件绿衬衫放在桌子上了，洗完澡换上。
   男：好的，知道了。

10. 男：这么多鞋，就没有一双你满意的吗？
    女：有的颜色不好，有的穿着不舒服，再去别家看看吧。

第 二 部 分

一共 10 个题，每题听两次。

例如：为了让自己更健康，他每天都花一个小时去锻炼身体。
　　★ 他希望自己很健康。

　　今天我想早点儿回家。看了看手表，才 5 点。过了一会儿再看表，还是 5 点，我这才发现我的手表不走了。
　　★ 那块儿手表不是他的。

现在开始第 11 题：

11. 他小时候总是希望自己快点儿长大，长大后才发现，其实小时候是最快乐的。

    ★ 小时候他不想长大。

12. 这是我上个星期在你们这儿买的照相机，只用了两次就坏了，你看，能不能帮我换一个新的？

    ★ "我"新买的照相机坏了。

13. 虽然我是北京人，但是我的普通话说得不是很好。因为我是在国外长大的，18 岁才回北京。

    ★ "我"是在北京长大的。

14. 我也知道运动对身体非常重要，但每天上班又忙又累，回家还要洗衣做饭，哪有时间锻炼呢？

    ★ "我"没有时间锻炼身体。

15. 今天是九月十号，是老师的节日，很多学生给我发电子邮件祝我节日快乐，还有学生送给我漂亮的花儿。

    ★ "我"是一个老师。

16. 学校附近有一个环境比较好、也很干净的宾馆，妈妈下星期来中国，我打算让她住在那儿。

    ★ 妈妈现在住在宾馆。

17. 今天是周末，孩子去爷爷奶奶家玩儿了，我和丈夫没什么事，就去商店买东西，我买了一条裙子，丈夫买了一条裤子。

    ★ 他们经常去买东西。

18. 手机的作用越来越多，但最主要的还是用来打电话。用手机打电话时要注意：第一，不要打太长时间；第二，手机离耳朵不要太近。

    ★ 用手机时要注意一些问题。

19. 刚才新闻里说北方有些城市下了特别大的雪，街道上因为雪太多车都没办法开了，而且非常冷，你说这天气是怎么了？

★ 南方没下雪。

20. 看电视爸爸最喜欢看体育节目，特别是比赛，什么篮球比赛、足球比赛、游泳比赛他都喜欢。但奇怪的是，这么喜欢看体育节目的爸爸一点儿也不喜欢运动。

★ 爸爸篮球打得很好。

第 三 部 分

一共 10 个题，每题听两次。

例如：男：小王，帮我开一下门，好吗？谢谢！

女：没问题。您去超市了？买了这么多东西。

问：男的想让小王做什么？

现在开始第 21 题：

21. 女：明天我搬家，你能来帮忙吗？

男：当然，你的忙我能不帮吗？

问：男的是什么意思？

22. 男：今天是周末，你怎么不多睡一会儿呢？

女：我以为今天是星期五呢，起床才发现昨天是星期五。

问：今天是星期几？

23. 女：地图上看着那么近，怎么开了三十分钟还没到？

男：你别着急啊，马上就到了。

问：女的觉得那个地方怎么样？

24. 男：老张的钱你今天还给他了吗？

女：没有，他女儿突然发烧，所以今天没来上班，明天吧。

问：女的明天要做什么？

25. 女：你每个星期都去爬山吗？
　　男：是的，我和孩子一起去，爬山是他最大的爱好。
　　问：男的为什么每个星期都去爬山？

26. 男：请问，我要的面条儿做好了吗？我快迟到了。
　　女：对不起，马上就来，今天客人比较多。
　　问：他们可能在哪儿？

27. 女：这个节目真没意思，换一个吧。
　　男：别换，足球比赛就要开始了，我都等了四年了。
　　问：他们在做什么？

28. 男：你觉得这个问题这样解决怎么样？
　　女：我觉得不错，但必须经过经理同意。
　　问：谁能做决定？

29. 女：雨越下越大了，我们在这儿买把伞吧。
　　男：这么大的雨，有伞也没用，还是等等吧。
　　问：男的是什么意思？

30. 男：你今天不是要开会吗？已经七点三刻了。
　　女：开车不到十分钟就能到公司，我五分钟后再出门。
　　问：女的可能几点到公司？

第 四 部 分

一共10个题，每题听两次。

例如：女：晚饭做好了，准备吃饭了。
　　　男：等一会儿，比赛还有三分钟就结束了。
　　　女：快点儿吧，菜冷了就不好吃了。
　　　男：你先吃，我马上就看完了。
　　　问：男的在做什么？

现在开始第 31 题：

31．男：我们希望你明天就能来上班。
　　女：好的，没问题。
　　男：这个办公室是你的，左边是经理办公室，右边是会议室。
　　女：谢谢你。
　　问：哪个是女的办公室？

32．女：爸爸，妈妈为什么不让我出国？
　　男：她不愿意让你离开我们去那么远的国家。
　　女：但是我真的很想去那儿学画画儿。
　　男：你别担心，她会同意你去的。
　　问：女的出国做什么？

33．男：我喝了酒，今天你来开车吧。
　　女：我半年没开了，开车水平又很差，有点儿不敢开了。
　　男：不用怕，小心一点儿，慢慢儿开没问题。
　　女：好吧，你要坐在我旁边。
　　问：女的为什么不敢开车？

34．女：叔叔，为什么我的牙会疼呢？
　　男：你是不是吃过糖以后没有认真刷牙啊？
　　女：我不喜欢刷牙。
　　男：来，坐到椅子上来，叔叔帮你检查一下。
　　问：男的可能是什么人？

35．女：你看这张照片，文文两岁时照的，多可爱。
　　男：对，已经过去二十多年了。
　　女：是啊，她明天就要离开我们去别人家了。
　　男：你别难过啊，这是件高兴的事。
　　问：文文明天可能要做什么？

36. 女：我发现儿子数学成绩提高了很多。
    男：是的，他最近学习数学的热情比较高。
    女：一定是因为换了一个新老师。
    男：可能吧。对了，晚上吃什么啊？
    问：他们可能是什么关系？

37. 男：你要出去啊？外面刮风了。
    女：小王结婚，请我们吃饭。
    男：你别穿裙子了，小心感冒。
    女：新买的裙子呢，我要穿，不会感冒的。
    问：外面天气怎么样？

38. 女：你怎么玩儿起游戏了？你不是说吃了晚饭你洗碗吗？
    男：我把碗洗完了啊。
    女：那些盘子怎么没洗呢？
    男：我说我洗碗，没说我洗盘子啊。
    问：男的正在做什么？

39. 男：你爷爷七十多岁了还在学电脑啊？
    女：他对新鲜的东西都很有兴趣。
    男：他现在电脑水平怎么样？
    女：很好啊，还经常上网给朋友写电子邮件呢。
    问：爷爷为什么要学电脑？

40. 女：好久没见了，周末一起吃饭吧。
    男：这个周末我要去北京开会。
    女：你总是没时间，你说，我重要还是工作重要？
    男：别生气啊，当然是你更重要，下个周末我一定去看你。
    问：男的是什么意思？

听力考试现在结束。

新 汉 语 水 平 考 试

HSK（三级）答题卡

姓名	

国籍	[0] [1] [2] [3] [4] [5] [6] [7] [8] [9] [0] [1] [2] [3] [4] [5] [6] [7] [8] [9] [0] [1] [2] [3] [4] [5] [6] [7] [8] [9]

性别	男 [1] 女 [2]

序号	[0] [1] [2] [3] [4] [5] [6] [7] [8] [9] [0] [1] [2] [3] [4] [5] [6] [7] [8] [9] [0] [1] [2] [3] [4] [5] [6] [7] [8] [9] [0] [1] [2] [3] [4] [5] [6] [7] [8] [9] [0] [1] [2] [3] [4] [5] [6] [7] [8] [9]

考点	[0] [1] [2] [3] [4] [5] [6] [7] [8] [9] [0] [1] [2] [3] [4] [5] [6] [7] [8] [9] [0] [1] [2] [3] [4] [5] [6] [7] [8] [9]

年龄	[0] [1] [2] [3] [4] [5] [6] [7] [8] [9] [0] [1] [2] [3] [4] [5] [6] [7] [8] [9]

你是华裔吗?
是 [1] 不是 [2]

学习汉语的时间:
1 年以下[1] 1 年—18 个月[2] 18 个月—2 年[3] 2 年—30 个月[4] 30 个月—3 年[5] 3 年以上[6]

注意	请用2B 铅笔这样写：■

一、听力

1. [A] [B] [C] [D] [E] [F]   6. [A] [B] [C] [D] [E] [F]
2. [A] [B] [C] [D] [E] [F]   7. [A] [B] [C] [D] [E] [F]
3. [A] [B] [C] [D] [E] [F]   8. [A] [B] [C] [D] [E] [F]
4. [A] [B] [C] [D] [E] [F]   9. [A] [B] [C] [D] [E] [F]
5. [A] [B] [C] [D] [E] [F]   10. [A] [B] [C] [D] [E] [F]

11. [✓] [×]   16. [✓] [×]   21. [A] [B] [C]
12. [✓] [×]   17. [✓] [×]   22. [A] [B] [C]
13. [✓] [×]   18. [✓] [×]   23. [A] [B] [C]
14. [✓] [×]   19. [✓] [×]   24. [A] [B] [C]
15. [✓] [×]   20. [✓] [×]   25. [A] [B] [C]

26. [A] [B] [C]   31. [A] [B] [C]   36. [A] [B] [C]
27. [A] [B] [C]   32. [A] [B] [C]   37. [A] [B] [C]
28. [A] [B] [C]   33. [A] [B] [C]   38. [A] [B] [C]
29. [A] [B] [C]   34. [A] [B] [C]   39. [A] [B] [C]
30. [A] [B] [C]   35. [A] [B] [C]   40. [A] [B] [C]

二、阅读

41. [A] [B] [C] [D] [E] [F]   46. [A] [B] [C] [D] [E] [F]
42. [A] [B] [C] [D] [E] [F]   47. [A] [B] [C] [D] [E] [F]
43. [A] [B] [C] [D] [E] [F]   48. [A] [B] [C] [D] [E] [F]
44. [A] [B] [C] [D] [E] [F]   49. [A] [B] [C] [D] [E] [F]
45. [A] [B] [C] [D] [E] [F]   50. [A] [B] [C] [D] [E] [F]

51. [A] [B] [C] [D] [E] [F]   56. [A] [B] [C] [D] [E] [F]
52. [A] [B] [C] [D] [E] [F]   57. [A] [B] [C] [D] [E] [F]
53. [A] [B] [C] [D] [E] [F]   58. [A] [B] [C] [D] [E] [F]
54. [A] [B] [C] [D] [E] [F]   59. [A] [B] [C] [D] [E] [F]
55. [A] [B] [C] [D] [E] [F]   60. [A] [B] [C] [D] [E] [F]

61. [A] [B] [C]   66. [A] [B] [C]
62. [A] [B] [C]   67. [A] [B] [C]
63. [A] [B] [C]   68. [A] [B] [C]
64. [A] [B] [C]   69. [A] [B] [C]
65. [A] [B] [C]   70. [A] [B] [C]

三、书写

71.

72.

73.

74.

75.

76. □   77. □   78. □   79. □   80. □

新 汉 语 水 平 考 试
HSK（三级）答题卡

姓名	

国籍	[0] [1] [2] [3] [4] [5] [6] [7] [8] [9]
	[0] [1] [2] [3] [4] [5] [6] [7] [8] [9]
	[0] [1] [2] [3] [4] [5] [6] [7] [8] [9]

性别	男　[1]　　　女　[2]

序号	[0] [1] [2] [3] [4] [5] [6] [7] [8] [9]
	[0] [1] [2] [3] [4] [5] [6] [7] [8] [9]
	[0] [1] [2] [3] [4] [5] [6] [7] [8] [9]
	[0] [1] [2] [3] [4] [5] [6] [7] [8] [9]
	[0] [1] [2] [3] [4] [5] [6] [7] [8] [9]

考点	[0] [1] [2] [3] [4] [5] [6] [7] [8] [9]
	[0] [1] [2] [3] [4] [5] [6] [7] [8] [9]
	[0] [1] [2] [3] [4] [5] [6] [7] [8] [9]

你是华裔吗？
是　[1]　　　不是　[2]

年龄	[0] [1] [2] [3] [4] [5] [6] [7] [8] [9]
	[0] [1] [2] [3] [4] [5] [6] [7] [8] [9]

学习汉语的时间：
1 年以下[1]　　1 年—18 个月[2]　　18 个月—2 年[3]　　2 年—30 个月[4]　　30 个月—3 年[5]　　3 年以上[6]

注意	请用2B铅笔这样写：■

一、听力

1. [A] [B] [C] [D] [E] [F]　　6. [A] [B] [C] [D] [E] [F]
2. [A] [B] [C] [D] [E] [F]　　7. [A] [B] [C] [D] [E] [F]
3. [A] [B] [C] [D] [E] [F]　　8. [A] [B] [C] [D] [E] [F]
4. [A] [B] [C] [D] [E] [F]　　9. [A] [B] [C] [D] [E] [F]
5. [A] [B] [C] [D] [E] [F]　　10. [A] [B] [C] [D] [E] [F]

11. [✓] [✗]　　16. [✓] [✗]　　21. [A] [B] [C]
12. [✓] [✗]　　17. [✓] [✗]　　22. [A] [B] [C]
13. [✓] [✗]　　18. [✓] [✗]　　23. [A] [B] [C]
14. [✓] [✗]　　19. [✓] [✗]　　24. [A] [B] [C]
15. [✓] [✗]　　20. [✓] [✗]　　25. [A] [B] [C]

26. [A] [B] [C]　　31. [A] [B] [C]　　36. [A] [B] [C]
27. [A] [B] [C]　　32. [A] [B] [C]　　37. [A] [B] [C]
28. [A] [B] [C]　　33. [A] [B] [C]　　38. [A] [B] [C]
29. [A] [B] [C]　　34. [A] [B] [C]　　39. [A] [B] [C]
30. [A] [B] [C]　　35. [A] [B] [C]　　40. [A] [B] [C]

二、阅读

41. [A] [B] [C] [D] [E] [F]　　46. [A] [B] [C] [D] [E] [F]
42. [A] [B] [C] [D] [E] [F]　　47. [A] [B] [C] [D] [E] [F]
43. [A] [B] [C] [D] [E] [F]　　48. [A] [B] [C] [D] [E] [F]
44. [A] [B] [C] [D] [E] [F]　　49. [A] [B] [C] [D] [E] [F]
45. [A] [B] [C] [D] [E] [F]　　50. [A] [B] [C] [D] [E] [F]

51. [A] [B] [C] [D] [E] [F]　　56. [A] [B] [C] [D] [E] [F]
52. [A] [B] [C] [D] [E] [F]　　57. [A] [B] [C] [D] [E] [F]
53. [A] [B] [C] [D] [E] [F]　　58. [A] [B] [C] [D] [E] [F]
54. [A] [B] [C] [D] [E] [F]　　59. [A] [B] [C] [D] [E] [F]
55. [A] [B] [C] [D] [E] [F]　　60. [A] [B] [C] [D] [E] [F]

61. [A] [B] [C]　　66. [A] [B] [C]
62. [A] [B] [C]　　67. [A] [B] [C]
63. [A] [B] [C]　　68. [A] [B] [C]
64. [A] [B] [C]　　69. [A] [B] [C]
65. [A] [B] [C]　　70. [A] [B] [C]

三、书写

71. _____

72. _____

73. _____

74. _____

75. _____

76. ☐　　　77. ☐　　　78. ☐　　　79. ☐　　　80. ☐

新 汉 语 水 平 考 试
HSK（三级）答题卡

姓名			国籍	[0] [1] [2] [3] [4] [5] [6] [7] [8] [9] [0] [1] [2] [3] [4] [5] [6] [7] [8] [9] [0] [1] [2] [3] [4] [5] [6] [7] [8] [9]

性别　　男 [1]　　女 [2]

序号	[0] [1] [2] [3] [4] [5] [6] [7] [8] [9] [0] [1] [2] [3] [4] [5] [6] [7] [8] [9] [0] [1] [2] [3] [4] [5] [6] [7] [8] [9] [0] [1] [2] [3] [4] [5] [6] [7] [8] [9] [0] [1] [2] [3] [4] [5] [6] [7] [8] [9]	考点	[0] [1] [2] [3] [4] [5] [6] [7] [8] [9] [0] [1] [2] [3] [4] [5] [6] [7] [8] [9] [0] [1] [2] [3] [4] [5] [6] [7] [8] [9]

你是华裔吗?

是 [1]　　　不是 [2]

年龄	[0] [1] [2] [3] [4] [5] [6] [7] [8] [9] [0] [1] [2] [3] [4] [5] [6] [7] [8] [9]

学习汉语的时间:

1 年以下[1]　1 年—18 个月[2]　18 个月—2 年[3]　2 年—30 个月[4]　30 个月—3 年[5]　3 年以上[6]

注意　　请用 2B 铅笔这样写：■

一、听力	二、阅读

1. [A] [B] [C] [D] [E] [F]　　6. [A] [B] [C] [D] [E] [F]
2. [A] [B] [C] [D] [E] [F]　　7. [A] [B] [C] [D] [E] [F]
3. [A] [B] [C] [D] [E] [F]　　8. [A] [B] [C] [D] [E] [F]
4. [A] [B] [C] [D] [E] [F]　　9. [A] [B] [C] [D] [E] [F]
5. [A] [B] [C] [D] [E] [F]　　10. [A] [B] [C] [D] [E] [F]

11. [✓] [✕]　　16. [✓] [✕]　　21. [A] [B] [C]
12. [✓] [✕]　　17. [✓] [✕]　　22. [A] [B] [C]
13. [✓] [✕]　　18. [✓] [✕]　　23. [A] [B] [C]
14. [✓] [✕]　　19. [✓] [✕]　　24. [A] [B] [C]
15. [✓] [✕]　　20. [✓] [✕]　　25. [A] [B] [C]

26. [A] [B] [C]　　31. [A] [B] [C]　　36. [A] [B] [C]
27. [A] [B] [C]　　32. [A] [B] [C]　　37. [A] [B] [C]
28. [A] [B] [C]　　33. [A] [B] [C]　　38. [A] [B] [C]
29. [A] [B] [C]　　34. [A] [B] [C]　　39. [A] [B] [C]
30. [A] [B] [C]　　35. [A] [B] [C]　　40. [A] [B] [C]

41. [A] [B] [C] [D] [E] [F]　　46. [A] [B] [C] [D] [E] [F]
42. [A] [B] [C] [D] [E] [F]　　47. [A] [B] [C] [D] [E] [F]
43. [A] [B] [C] [D] [E] [F]　　48. [A] [B] [C] [D] [E] [F]
44. [A] [B] [C] [D] [E] [F]　　49. [A] [B] [C] [D] [E] [F]
45. [A] [B] [C] [D] [E] [F]　　50. [A] [B] [C] [D] [E] [F]

51. [A] [B] [C] [D] [E] [F]　　56. [A] [B] [C] [D] [E] [F]
52. [A] [B] [C] [D] [E] [F]　　57. [A] [B] [C] [D] [E] [F]
53. [A] [B] [C] [D] [E] [F]　　58. [A] [B] [C] [D] [E] [F]
54. [A] [B] [C] [D] [E] [F]　　59. [A] [B] [C] [D] [E] [F]
55. [A] [B] [C] [D] [E] [F]　　60. [A] [B] [C] [D] [E] [F]

61. [A] [B] [C]　　66. [A] [B] [C]
62. [A] [B] [C]　　67. [A] [B] [C]
63. [A] [B] [C]　　68. [A] [B] [C]
64. [A] [B] [C]　　69. [A] [B] [C]
65. [A] [B] [C]　　70. [A] [B] [C]

三、书写

71.

72.

73.

74.

75.

76. ☐　　77. ☐　　78. ☐　　79. ☐　　80. ☐

新 汉 语 水 平 考 试
HSK（三级）答题卡

姓名 _____

国籍
[0] [1] [2] [3] [4] [5] [6] [7] [8] [9]
[0] [1] [2] [3] [4] [5] [6] [7] [8] [9]
[0] [1] [2] [3] [4] [5] [6] [7] [8] [9]

性别　　男　[1]　　　女　[2]

序号
[0] [1] [2] [3] [4] [5] [6] [7] [8] [9]
[0] [1] [2] [3] [4] [5] [6] [7] [8] [9]
[0] [1] [2] [3] [4] [5] [6] [7] [8] [9]
[0] [1] [2] [3] [4] [5] [6] [7] [8] [9]
[0] [1] [2] [3] [4] [5] [6] [7] [8] [9]

考点
[0] [1] [2] [3] [4] [5] [6] [7] [8] [9]
[0] [1] [2] [3] [4] [5] [6] [7] [8] [9]
[0] [1] [2] [3] [4] [5] [6] [7] [8] [9]

年龄
[0] [1] [2] [3] [4] [5] [6] [7] [8] [9]
[0] [1] [2] [3] [4] [5] [6] [7] [8] [9]

你是华裔吗？
是　[1]　　　不是　[2]

学习汉语的时间：

1 年以下[1]　　1 年—18 个月[2]　　18 个月—2 年[3]　　2 年—30 个月[4]　　30 个月—3 年[5]　　3 年以上[6]

注意　　请用 2B 铅笔这样写：■

一、听力

1. [A] [B] [C] [D] [E] [F]　　6. [A] [B] [C] [D] [E] [F]
2. [A] [B] [C] [D] [E] [F]　　7. [A] [B] [C] [D] [E] [F]
3. [A] [B] [C] [D] [E] [F]　　8. [A] [B] [C] [D] [E] [F]
4. [A] [B] [C] [D] [E] [F]　　9. [A] [B] [C] [D] [E] [F]
5. [A] [B] [C] [D] [E] [F]　　10. [A] [B] [C] [D] [E] [F]

11. [✓] [×]　　16. [✓] [×]　　21. [A] [B] [C]
12. [✓] [×]　　17. [✓] [×]　　22. [A] [B] [C]
13. [✓] [×]　　18. [✓] [×]　　23. [A] [B] [C]
14. [✓] [×]　　19. [✓] [×]　　24. [A] [B] [C]
15. [✓] [×]　　20. [✓] [×]　　25. [A] [B] [C]

26. [A] [B] [C]　　31. [A] [B] [C]　　36. [A] [B] [C]
27. [A] [B] [C]　　32. [A] [B] [C]　　37. [A] [B] [C]
28. [A] [B] [C]　　33. [A] [B] [C]　　38. [A] [B] [C]
29. [A] [B] [C]　　34. [A] [B] [C]　　39. [A] [B] [C]
30. [A] [B] [C]　　35. [A] [B] [C]　　40. [A] [B] [C]

二、阅读

41. [A] [B] [C] [D] [E] [F]　　46. [A] [B] [C] [D] [E] [F]
42. [A] [B] [C] [D] [E] [F]　　47. [A] [B] [C] [D] [E] [F]
43. [A] [B] [C] [D] [E] [F]　　48. [A] [B] [C] [D] [E] [F]
44. [A] [B] [C] [D] [E] [F]　　49. [A] [B] [C] [D] [E] [F]
45. [A] [B] [C] [D] [E] [F]　　50. [A] [B] [C] [D] [E] [F]

51. [A] [B] [C] [D] [E] [F]　　56. [A] [B] [C] [D] [E] [F]
52. [A] [B] [C] [D] [E] [F]　　57. [A] [B] [C] [D] [E] [F]
53. [A] [B] [C] [D] [E] [F]　　58. [A] [B] [C] [D] [E] [F]
54. [A] [B] [C] [D] [E] [F]　　59. [A] [B] [C] [D] [E] [F]
55. [A] [B] [C] [D] [E] [F]　　60. [A] [B] [C] [D] [E] [F]

61. [A] [B] [C]　　66. [A] [B] [C]
62. [A] [B] [C]　　67. [A] [B] [C]
63. [A] [B] [C]　　68. [A] [B] [C]
64. [A] [B] [C]　　69. [A] [B] [C]
65. [A] [B] [C]　　70. [A] [B] [C]

三、书写

71. _____

72. _____

73. _____

74. _____

75. _____

76. [ ]　　77. [ ]　　78. [ ]　　79. [ ]　　80. [ ]

新 汉 语 水 平 考 试
HSK（三级）答题卡

姓名	

国籍	[0] [1] [2] [3] [4] [5] [6] [7] [8] [9] [0] [1] [2] [3] [4] [5] [6] [7] [8] [9] [0] [1] [2] [3] [4] [5] [6] [7] [8] [9]

性别	男 [1] 女 [2]

序号	[0] [1] [2] [3] [4] [5] [6] [7] [8] [9] [0] [1] [2] [3] [4] [5] [6] [7] [8] [9] [0] [1] [2] [3] [4] [5] [6] [7] [8] [9] [0] [1] [2] [3] [4] [5] [6] [7] [8] [9] [0] [1] [2] [3] [4] [5] [6] [7] [8] [9]

考点	[0] [1] [2] [3] [4] [5] [6] [7] [8] [9] [0] [1] [2] [3] [4] [5] [6] [7] [8] [9] [0] [1] [2] [3] [4] [5] [6] [7] [8] [9]

年龄	[0] [1] [2] [3] [4] [5] [6] [7] [8] [9] [0] [1] [2] [3] [4] [5] [6] [7] [8] [9]

你是华裔吗？
是 [1] 不是 [2]

学习汉语的时间：
1 年以下[1] 1 年—18 个月[2] 18 个月—2 年[3] 2 年—30 个月[4] 30 个月—3 年[5] 3 年以上[6]

注意	请用2B铅笔这样写：■

一、听力

1. [A] [B] [C] [D] [E] [F]   6. [A] [B] [C] [D] [E] [F]
2. [A] [B] [C] [D] [E] [F]   7. [A] [B] [C] [D] [E] [F]
3. [A] [B] [C] [D] [E] [F]   8. [A] [B] [C] [D] [E] [F]
4. [A] [B] [C] [D] [E] [F]   9. [A] [B] [C] [D] [E] [F]
5. [A] [B] [C] [D] [E] [F] 10. [A] [B] [C] [D] [E] [F]

11. [✓] [×]   16. [✓] [×]   21. [A] [B] [C]
12. [✓] [×]   17. [✓] [×]   22. [A] [B] [C]
13. [✓] [×]   18. [✓] [×]   23. [A] [B] [C]
14. [✓] [×]   19. [✓] [×]   24. [A] [B] [C]
15. [✓] [×]   20. [✓] [×]   25. [A] [B] [C]

26. [A] [B] [C]   31. [A] [B] [C]   36. [A] [B] [C]
27. [A] [B] [C]   32. [A] [B] [C]   37. [A] [B] [C]
28. [A] [B] [C]   33. [A] [B] [C]   38. [A] [B] [C]
29. [A] [B] [C]   34. [A] [B] [C]   39. [A] [B] [C]
30. [A] [B] [C]   35. [A] [B] [C]   40. [A] [B] [C]

二、阅读

41. [A] [B] [C] [D] [E] [F]   46. [A] [B] [C] [D] [E] [F]
42. [A] [B] [C] [D] [E] [F]   47. [A] [B] [C] [D] [E] [F]
43. [A] [B] [C] [D] [E] [F]   48. [A] [B] [C] [D] [E] [F]
44. [A] [B] [C] [D] [E] [F]   49. [A] [B] [C] [D] [E] [F]
45. [A] [B] [C] [D] [E] [F]   50. [A] [B] [C] [D] [E] [F]

51. [A] [B] [C] [D] [E] [F]   56. [A] [B] [C] [D] [E] [F]
52. [A] [B] [C] [D] [E] [F]   57. [A] [B] [C] [D] [E] [F]
53. [A] [B] [C] [D] [E] [F]   58. [A] [B] [C] [D] [E] [F]
54. [A] [B] [C] [D] [E] [F]   59. [A] [B] [C] [D] [E] [F]
55. [A] [B] [C] [D] [E] [F]   60. [A] [B] [C] [D] [E] [F]

61. [A] [B] [C]   66. [A] [B] [C]
62. [A] [B] [C]   67. [A] [B] [C]
63. [A] [B] [C]   68. [A] [B] [C]
64. [A] [B] [C]   69. [A] [B] [C]
65. [A] [B] [C]   70. [A] [B] [C]

三、书写

71. _____

72. _____

73. _____

74. _____

75. _____

76. ☐   77. ☐   78. ☐   79. ☐   80. ☐

新 汉 语 水 平 考 试
HSK（三级）答题卡

姓名	

国籍	[0] [1] [2] [3] [4] [5] [6] [7] [8] [9] [0] [1] [2] [3] [4] [5] [6] [7] [8] [9] [0] [1] [2] [3] [4] [5] [6] [7] [8] [9]

性别	男 [1]　　女 [2]

序号	[0] [1] [2] [3] [4] [5] [6] [7] [8] [9] [0] [1] [2] [3] [4] [5] [6] [7] [8] [9] [0] [1] [2] [3] [4] [5] [6] [7] [8] [9] [0] [1] [2] [3] [4] [5] [6] [7] [8] [9] [0] [1] [2] [3] [4] [5] [6] [7] [8] [9]

考点	[0] [1] [2] [3] [4] [5] [6] [7] [8] [9] [0] [1] [2] [3] [4] [5] [6] [7] [8] [9] [0] [1] [2] [3] [4] [5] [6] [7] [8] [9]

年龄	[0] [1] [2] [3] [4] [5] [6] [7] [8] [9] [0] [1] [2] [3] [4] [5] [6] [7] [8] [9]

你是华裔吗?	
是 [1]　　不是 [2]	

学习汉语的时间：
1 年以下[1]　1 年—18 个月[2]　18 个月—2 年[3]　2 年—30 个月[4]　30 个月—3 年[5]　3 年以上[6]

注意	请用2B铅笔这样写：■

一、听力

1. [A] [B] [C] [D] [E] [F]　6. [A] [B] [C] [D] [E] [F]
2. [A] [B] [C] [D] [E] [F]　7. [A] [B] [C] [D] [E] [F]
3. [A] [B] [C] [D] [E] [F]　8. [A] [B] [C] [D] [E] [F]
4. [A] [B] [C] [D] [E] [F]　9. [A] [B] [C] [D] [E] [F]
5. [A] [B] [C] [D] [E] [F]　10. [A] [B] [C] [D] [E] [F]

11. [✓] [×]　16. [✓] [×]　21. [A] [B] [C]
12. [✓] [×]　17. [✓] [×]　22. [A] [B] [C]
13. [✓] [×]　18. [✓] [×]　23. [A] [B] [C]
14. [✓] [×]　19. [✓] [×]　24. [A] [B] [C]
15. [✓] [×]　20. [✓] [×]　25. [A] [B] [C]

26. [A] [B] [C]　31. [A] [B] [C]　36. [A] [B] [C]
27. [A] [B] [C]　32. [A] [B] [C]　37. [A] [B] [C]
28. [A] [B] [C]　33. [A] [B] [C]　38. [A] [B] [C]
29. [A] [B] [C]　34. [A] [B] [C]　39. [A] [B] [C]
30. [A] [B] [C]　35. [A] [B] [C]　40. [A] [B] [C]

二、阅读

41. [A] [B] [C] [D] [E] [F]　46. [A] [B] [C] [D] [E] [F]
42. [A] [B] [C] [D] [E] [F]　47. [A] [B] [C] [D] [E] [F]
43. [A] [B] [C] [D] [E] [F]　48. [A] [B] [C] [D] [E] [F]
44. [A] [B] [C] [D] [E] [F]　49. [A] [B] [C] [D] [E] [F]
45. [A] [B] [C] [D] [E] [F]　50. [A] [B] [C] [D] [E] [F]

51. [A] [B] [C] [D] [E] [F]　56. [A] [B] [C] [D] [E] [F]
52. [A] [B] [C] [D] [E] [F]　57. [A] [B] [C] [D] [E] [F]
53. [A] [B] [C] [D] [E] [F]　58. [A] [B] [C] [D] [E] [F]
54. [A] [B] [C] [D] [E] [F]　59. [A] [B] [C] [D] [E] [F]
55. [A] [B] [C] [D] [E] [F]　60. [A] [B] [C] [D] [E] [F]

61. [A] [B] [C]　66. [A] [B] [C]
62. [A] [B] [C]　67. [A] [B] [C]
63. [A] [B] [C]　68. [A] [B] [C]
64. [A] [B] [C]　69. [A] [B] [C]
65. [A] [B] [C]　70. [A] [B] [C]

三、书写

71.

72.

73.

74.

75.

76. ☐　　77. ☐　　78. ☐　　79. ☐　　80. ☐

新 汉 语 水 平 考 试

HSK（三级）答题卡

姓名	

国籍	[0] [1] [2] [3] [4] [5] [6] [7] [8] [9]
	[0] [1] [2] [3] [4] [5] [6] [7] [8] [9]
	[0] [1] [2] [3] [4] [5] [6] [7] [8] [9]

性别 　男 [1] 　　女 [2]

序号	[0] [1] [2] [3] [4] [5] [6] [7] [8] [9]
	[0] [1] [2] [3] [4] [5] [6] [7] [8] [9]
	[0] [1] [2] [3] [4] [5] [6] [7] [8] [9]
	[0] [1] [2] [3] [4] [5] [6] [7] [8] [9]
	[0] [1] [2] [3] [4] [5] [6] [7] [8] [9]

考点	[0] [1] [2] [3] [4] [5] [6] [7] [8] [9]
	[0] [1] [2] [3] [4] [5] [6] [7] [8] [9]
	[0] [1] [2] [3] [4] [5] [6] [7] [8] [9]

你是华裔吗?

年龄	[0] [1] [2] [3] [4] [5] [6] [7] [8] [9]
	[0] [1] [2] [3] [4] [5] [6] [7] [8] [9]

是 [1] 　　不是 [2]

学习汉语的时间:

1 年以下[1] 　1 年—18 个月[2] 　18 个月—2 年[3] 　2 年—30 个月[4] 　30 个月—3 年[5] 　3 年以上[6]

注意 　请用2B铅笔这样写：■

一、听力

1. [A] [B] [C] [D] [E] [F]		6. [A] [B] [C] [D] [E] [F]	
2. [A] [B] [C] [D] [E] [F]		7. [A] [B] [C] [D] [E] [F]	
3. [A] [B] [C] [D] [E] [F]		8. [A] [B] [C] [D] [E] [F]	
4. [A] [B] [C] [D] [E] [F]		9. [A] [B] [C] [D] [E] [F]	
5. [A] [B] [C] [D] [E] [F]		10. [A] [B] [C] [D] [E] [F]	
11. [✓] [×]	16. [✓] [×]	21. [A] [B] [C]	
12. [✓] [×]	17. [✓] [×]	22. [A] [B] [C]	
13. [✓] [×]	18. [✓] [×]	23. [A] [B] [C]	
14. [✓] [×]	19. [✓] [×]	24. [A] [B] [C]	
15. [✓] [×]	20. [✓] [×]	25. [A] [B] [C]	
26. [A] [B] [C]	31. [A] [B] [C]	36. [A] [B] [C]	
27. [A] [B] [C]	32. [A] [B] [C]	37. [A] [B] [C]	
28. [A] [B] [C]	33. [A] [B] [C]	38. [A] [B] [C]	
29. [A] [B] [C]	34. [A] [B] [C]	39. [A] [B] [C]	
30. [A] [B] [C]	35. [A] [B] [C]	40. [A] [B] [C]	

二、阅读

41. [A] [B] [C] [D] [E] [F]	46. [A] [B] [C] [D] [E] [F]
42. [A] [B] [C] [D] [E] [F]	47. [A] [B] [C] [D] [E] [F]
43. [A] [B] [C] [D] [E] [F]	48. [A] [B] [C] [D] [E] [F]
44. [A] [B] [C] [D] [E] [F]	49. [A] [B] [C] [D] [E] [F]
45. [A] [B] [C] [D] [E] [F]	50. [A] [B] [C] [D] [E] [F]
51. [A] [B] [C] [D] [E] [F]	56. [A] [B] [C] [D] [E] [F]
52. [A] [B] [C] [D] [E] [F]	57. [A] [B] [C] [D] [E] [F]
53. [A] [B] [C] [D] [E] [F]	58. [A] [B] [C] [D] [E] [F]
54. [A] [B] [C] [D] [E] [F]	59. [A] [B] [C] [D] [E] [F]
55. [A] [B] [C] [D] [E] [F]	60. [A] [B] [C] [D] [E] [F]
61. [A] [B] [C]	66. [A] [B] [C]
62. [A] [B] [C]	67. [A] [B] [C]
63. [A] [B] [C]	68. [A] [B] [C]
64. [A] [B] [C]	69. [A] [B] [C]
65. [A] [B] [C]	70. [A] [B] [C]

三、书写

71. _____

72. _____

73. _____

74. _____

75. _____

76. ☐ 　　77. ☐ 　　78. ☐ 　　79. ☐ 　　80. ☐

新 汉 语 水 平 考 试
HSK（三级）答题卡

| 姓名 | | 国籍 | [0] [1] [2] [3] [4] [5] [6] [7] [8] [9]
[0] [1] [2] [3] [4] [5] [6] [7] [8] [9]
[0] [1] [2] [3] [4] [5] [6] [7] [8] [9] |

性别　　　男　[1]　　　女　[2]

| 序号 | [0] [1] [2] [3] [4] [5] [6] [7] [8] [9]
[0] [1] [2] [3] [4] [5] [6] [7] [8] [9]
[0] [1] [2] [3] [4] [5] [6] [7] [8] [9]
[0] [1] [2] [3] [4] [5] [6] [7] [8] [9]
[0] [1] [2] [3] [4] [5] [6] [7] [8] [9] | 考点 | [0] [1] [2] [3] [4] [5] [6] [7] [8] [9]
[0] [1] [2] [3] [4] [5] [6] [7] [8] [9]
[0] [1] [2] [3] [4] [5] [6] [7] [8] [9] |

你是华裔吗?

是　[1]　　　不是　[2]

| 年龄 | [0] [1] [2] [3] [4] [5] [6] [7] [8] [9]
[0] [1] [2] [3] [4] [5] [6] [7] [8] [9] |

学习汉语的时间：

1 年以下[1]　　1 年—18 个月[2]　　18 个月—2 年[3]　　2 年—30 个月[4]　　30 个月—3 年[5]　　3 年以上[6]

注意　　请用2B铅笔这样写：■

一、听力	二、阅读

1. [A] [B] [C] [D] [E] [F]　　6. [A] [B] [C] [D] [E] [F]
2. [A] [B] [C] [D] [E] [F]　　7. [A] [B] [C] [D] [E] [F]
3. [A] [B] [C] [D] [E] [F]　　8. [A] [B] [C] [D] [E] [F]
4. [A] [B] [C] [D] [E] [F]　　9. [A] [B] [C] [D] [E] [F]
5. [A] [B] [C] [D] [E] [F]　　10. [A] [B] [C] [D] [E] [F]

11. [✓] [×]　　16. [✓] [×]　　21. [A] [B] [C]
12. [✓] [×]　　17. [✓] [×]　　22. [A] [B] [C]
13. [✓] [×]　　18. [✓] [×]　　23. [A] [B] [C]
14. [✓] [×]　　19. [✓] [×]　　24. [A] [B] [C]
15. [✓] [×]　　20. [✓] [×]　　25. [A] [B] [C]

26. [A] [B] [C]　　31. [A] [B] [C]　　36. [A] [B] [C]
27. [A] [B] [C]　　32. [A] [B] [C]　　37. [A] [B] [C]
28. [A] [B] [C]　　33. [A] [B] [C]　　38. [A] [B] [C]
29. [A] [B] [C]　　34. [A] [B] [C]　　39. [A] [B] [C]
30. [A] [B] [C]　　35. [A] [B] [C]　　40. [A] [B] [C]

41. [A] [B] [C] [D] [E] [F]　　46. [A] [B] [C] [D] [E] [F]
42. [A] [B] [C] [D] [E] [F]　　47. [A] [B] [C] [D] [E] [F]
43. [A] [B] [C] [D] [E] [F]　　48. [A] [B] [C] [D] [E] [F]
44. [A] [B] [C] [D] [E] [F]　　49. [A] [B] [C] [D] [E] [F]
45. [A] [B] [C] [D] [E] [F]　　50. [A] [B] [C] [D] [E] [F]

51. [A] [B] [C] [D] [E] [F]　　56. [A] [B] [C] [D] [E] [F]
52. [A] [B] [C] [D] [E] [F]　　57. [A] [B] [C] [D] [E] [F]
53. [A] [B] [C] [D] [E] [F]　　58. [A] [B] [C] [D] [E] [F]
54. [A] [B] [C] [D] [E] [F]　　59. [A] [B] [C] [D] [E] [F]
55. [A] [B] [C] [D] [E] [F]　　60. [A] [B] [C] [D] [E] [F]

61. [A] [B] [C]　　66. [A] [B] [C]
62. [A] [B] [C]　　67. [A] [B] [C]
63. [A] [B] [C]　　68. [A] [B] [C]
64. [A] [B] [C]　　69. [A] [B] [C]
65. [A] [B] [C]　　70. [A] [B] [C]

三、书写

71. _____

72. _____

73. _____

74. _____

75. _____

76. ☐　　　77. ☐　　　78. ☐　　　79. ☐　　　80. ☐

memo

memo